もてなし上手の
サプライズレシピ

和・洋・中・スイーツ
83品

CONTENTS

中華

スイーツ

弘前イスキアにて

対談
「食はいのち」に導かれ

佐藤初女・牧田成子

「夢を叶えるイスキア」。この名前をいただいてから3年。いつも私の前には、女性として、人生の先輩として尊敬する佐藤初女さんがおられます。ご自身が主宰されている「森のイスキア」を訪れる人を受け入れ、その人の気持ちに寄り添い、食を通して元気になるきっかけを作ってこられた初女さん。この本を作るにあたって、２０１５年２月、「弘前イスキア」を訪ねてお話しをさせていただきました。

出会い

牧田　２００４年、青森にある「森のイスキア」にうかがったのが初めての出会いでした。

佐藤　もう10年以上も前ね、月日が経つのは早いですね。

牧田　はい、忘れもしません11月30日です。翌日から森のイスキアが冬のクローズに入るという日でした。雪の中を空港までお迎えにきてくださったんです。夜中に着いたのに、たくさんのご馳走が用意されていて、皆さんがお待ちくださっていたのに感激しました。

佐藤　あのときは有子さんといらしたのね。

牧田　はい、妹が先に先生とご縁がありました。妹は長年サンフランシスコに住んで公認会計士をしていましたが、今は鍼灸・漢方のクリニックを営んでいます。日本で活躍されている素晴らしい方々をサンフランシスコにお招きし、講演会などを開いていますが、特に先生のことは、一生かかって目指す目標のように思っていたようです。

佐藤　有子さんはえらいわね。

牧田　不思議なご縁がありまして、たまたま娘に誘われて京都で「ガイアシンフォニー第二番」を観て、私は先生の生き方やお話に感動し、ちょっと興奮しながら会場の外に出たんです。携帯の電源を入れ直したとたん見慣れない電話番号からの着信、電話に出るとサンフランシスコの妹からだったんです。時差があって、あちらは夜中のはずなのに、これまた妹も興奮状態の声で「お姉さん、今わが家で佐藤初女さんとの懇親会を終えてお見送りしたところ」「えっ、私たった今映画を見たところよ」って、お互いにびっくりでした。

その2週間後に息子の結婚式が岡山である予定で、妹も参列のために帰国することになっていたんです。

「お姉さん、式が終わったらすぐにその足で青森に飛

森のイスキア

ぶわ、だから切符の手配お願いね」「えー、私も行く行く、連れて行って」と。結婚式の段取りも、飛行機便の有無も考えずに、心がそちらに行っていました。

佐藤　姉妹そろって本当に行動派ね。

牧田　そうかもしれません。新郎の母と叔母が、結婚式が終わったらすぐに飛び出して飛行機で青森に向かったんですから、久しぶりに集まった親戚はどう思ったことでしょう（笑）。お嫁さんもこの大事な日に、よく理解してくれました。

佐藤　（笑）。だから夜中に着かれたのね。そんなタイミングで会えたのもご縁だと思います。そしてまたその後、サンフランシスコに呼んでいただいてね。

牧田　そのときは私も何かお手伝いができるといいなと、先に行って先生とスタッフの皆さんをあちらでお迎えしました。サンフランシスコでお料理教室もしましたね。あの時、先生方はアメリカ横断の旅で、ニューヨークでおむすびを80個、ロサンゼルスで90個握られたとお聞きしました。そして、サンフランシスコで80個くらい、先生とご一緒に握りましたね。

佐藤　たくさん握ったわね。みんなが「おいしい、おいしい」って食べてくれました。

牧田　アメリカに住んでいる日本人や日系人はもちろん、外国の人も、おむすびが嬉しくてね。先生の講演を聞いて感動している人たちの姿を見て、国籍は関係ないんだと思いました。

佐藤　おむすびはみんなが喜んでくれるの。思い出しました。みんなで有子さんのお宅を訪ねたら大きなちゃぶ台があったの。そこに、イスキアの料理が並んでいてね。

牧田　妹の夫が映画で見た森のイスキアのちゃぶ台を真似して作ったんです。そしたら先生が、「まあ、ここイスキアみたい」って言ってくださって、それで「サンフランシスコイスキア」のお名前を頂戴したんですね。本当に、妹も仲間の皆さんも大感激でした。お名前をいただいてからは、妹やその仲間たちはイスキアの活動を大事にしています。

佐藤　そうでしたね。そのあと牧田さんのところもイスキアになってくださって。

牧田　はい、3年前に私たち「夢を叶える学校」の仲間で憧れの森のイスキアにうかがわせていただきました。そして先生から「あなたもイスキアになってちょうだい」と夢のようなお話をいただき、本当に光栄で嬉しくてうるうるしてしまいました。その時に命名していただいたのが「夢を叶えるイスキア」でした。

「面倒くさい」は嫌い

牧田　私が先生の言葉で一番胸にぐっときたのは、「面倒くさいっていうのが嫌い」という言葉です。

佐藤　あぁ、映画で龍村仁監督がそのシーンを出されました。夕食に出すニンジンを和えるときに言った言葉。

牧田　なかなか自分ではできませんけど、面倒くさいことの先にいいことがありますね。

佐藤　やっぱり面倒くさがって、いいことはないの。すべてにおいて、これは自分だったらどうするかを考えるんです。自分が野菜だったら、丁寧に扱って美味しく食べてほしいと思うんです。

牧田 先生に教えていただいた白和えを作る時、私はクルミをミキサーで細かくするんですけど、先生は渋皮をとって、すりこぎであたっておられますね。

佐藤 そう、一番手間のいる難しいところですよ。

牧田 私はクルミの中の渋皮をむくことを知らなかったんです。皮が渋いんですね。

佐藤 料亭をやってて知らない人もいるの。

牧田 私がミキサーでクルミを細かくしても「こんな手間をかけて」と皆さんに褒められます。なのに先生はもっと手間をかけていらっしゃる。

佐藤 ミキサーでやってもいいのよ。無理しないのが一番。

牧田 先生のお料理のお話をうかがってもいいですか？ とても印象的だった、関西では見ない野菜で美味しい「ミズ」。ふきみたいな。

佐藤 あれは5月頃に出るんです。昨日もみんなで話しててね。季節になると八百屋さんに並ぶの。お漬物にしても美味しくてね。

牧田 それからイスキアの赤カブのお漬物、美味しいですよね。先生が作られるのは色がとても赤くてきれい、味も歯ごたえもとてもしっかりして美味しいです。

佐藤 こっちの赤カブは赤と白の霜降りになっていまして、薄く切って塩を振って、水分が出たら、ざらめ糖と酢を交互にかけて重ねると、色鮮やかなのができるの。

初女さん直伝のおにぎり

牧田　私が作るとピンク色にしかならないんです。何が違うんでしょう？

佐藤　それはね、私は五倍酢を使うので、引き締まって水っぽくなりすぎないの。

牧田　お漬物へたくさんの愛情を込められてますね。夜中に漬物樽を見に行かれて重石を変えられたり、すごいと思います。お漬物が先生を呼ぶんですか？

佐藤　いやいや、お漬物は呼ばないわ（笑）。やっぱりね、気になるの。どうしてるかなぁって。甘いかな、酸っぱいかなって。だから行ってみるの。

牧田　愛情ですね。子育てみたいな。

佐藤　私は百合根が大好きで北海道から送っていただくの。貴女はどういう風に使うの？

牧田　関西では高級食材です。茶碗蒸しとか卵とじくらい……。

佐藤　私はね、花びらみたいに外して、お砂糖の味だけで甘煮にするの。

牧田　デザートみたいにですか？

佐藤　魚料理とかの箸休めにちょうどよくてね。

牧田　それから映画にも出ていましたが、こちらではよく菊の花を使われますね。

佐藤　乾燥した菊もあって、戻すとたくさん増えるのよ。酢を入れたお湯でゆがいて、あくを抜くんです。

弘前城

牧田　山形では「もってのほか」、新潟では「かきのもと」と呼ぶ菊があるようですが、関西では料理屋で出るくらいで、家庭ではあまり使わないんです。

佐藤　こっちではよく売っています。でも昔はみんな干物を利用しましたね。

牧田　保存食として便利ですし、生とは違う栄養もありますしね。昔の人はなんでも自分でやって、家事が手早かったですね。

佐藤　いろいろしましたからね。

牧田　お布団の打ち直しも家でやってましたね。

佐藤　あれは難しいのよ。

牧田　母に布団の端を持たされてね。

佐藤　そうそう、ちゃんとつかんでないといけないの。

牧田　今は業者に出しますでしょう。打ち直しということすら知らない世代は、布団は買い替えるもんだと思っています。先生の映画を見ると、子どもの頃を思い出して、これが本当の家事かなと思います。

料理に心をこめる

牧田　先生のお話で「食はいのち、いのちのうつしかえ」というあの言葉も大好きです。生きてるものを土から抜いてしまう。かわいそうだけど、その命を私たちが受け継げばいい。

佐藤　私たちの中で一緒に生きていくんです。

牧田　ホウレンソウが生きる分を私が頑張って生きていけばいいんですね。そう思えば安心していただけるし、命ある食材を無駄にしないですね。

佐藤　そうですね。

牧田　それからホウレンソウを茹でているとき、透明になる瞬間のお話、茹でているお鍋から離れないで、じっと見つめているとその瞬間がわかるような気がしてきました。

佐藤　そうそう、そこが大事なところ。すべてに透明のときが最高なの。

牧田　これから、先生のお考えを広く伝えたいと思っている私たちは、何を一番大事にしていったらいいですか？

佐藤　それはまず場ですね。出会いの場を作ること。そしてできれば手料理を一緒に食べること。牧田さんのところは、それはできているじゃない。

牧田　ありがとうございます。食べるとみんなが笑顔になりますし、食べながらけんかはしませんものね。うちにいらした人には手料理をお出しするんです。そして、「初女さんおむすびを作りたいヒトー」っていうとみんな手を上げます。それをむすんでからみんなで食べるんです。

佐藤　各自が？

牧田　はい、そうです。各自手に塩をつけて。楽しいですよ！　おかずは、初女さんから教えていただいたお料理もまじえて、皆さんがワーって言ってくださるような料理を心がけています。

佐藤　手作りが一番いいですね。

牧田　この頃、おむすびをラップで握る人がいますね。衛生的だからでしょうか？

佐藤　私は、やっぱり人の手で心を込めて握るから美味しいんだと思っています。丸でも三角でもいいんです。心を尽くして握るんです。

牧田　先生のところに悩みを抱えた人が来られたら、まず最初はおむすびですか？

佐藤　午前中に来ても夕方に来ても、たいてい1時間ぐらい話すと話も終わってくるの。そしてご飯の時間に近づくと、一緒に食べませんかと言うの。食べてもいいんですか、って。食べるとね、その人の中から変わってくるの。力がみなぎってくるんです。

牧田　先生のお力ですね。

佐藤　いいえ、食べ物の力です。心が弱っている状態でここに来るくらいだから、自分で料理を作ってもいなかったろうし、ちゃんと食べていないの。だからなんでも美味しいの。

牧田　こういう心のこもったものをしばらく食べていない人でしょうね。

佐藤　きちんとした食事をすること、これはもう人としてあたりまえのことなんです。

牧田　でも今は、そのあたりまえのことが……。

佐藤　時代が変わってね、私なんて携帯も持っていないし、機械ものも使わないし。ますますダメね。時代に遅れる（笑）。

牧田　携帯ができてから世の中が変わりましたね。

佐藤　大きく変わりましたね。

牧田　みんな携帯を見ながら歩いているし、お料理も習いに行くより、携帯のインターネットで調べる人が多くて。でもネットで調べてもうまくできなかったっていう人が、お料理を習いに来ら

れます。

　東京五輪誘致のプレゼンテーションで「おもてなし」という言葉が知られるようになって、和食がユネスコの無形文化遺産になって、テレビでも食の番組が多くなり、食への注目度が増えました。それで先生が普段から言われていることが、みなさんによくわかるようになりました。インスタント料理に馴染んだ人が、手作りの味を知りたいと思うようになったり、外国の人が日本料理に憧れたり。

佐藤　自分で料理をしてみたいと思うようになってもらえたらいいんだけど。

牧田　でも、こういうふうに手間をかけるという意識が若い人には少なくなりましたね。本やテレビで強調されるのは、早く簡単に作れるっていうことばかり。

　おせち料理の教室を開いたときに、みなさんにお話ししたんですが、ＴＶなどで簡単にできるおせち料理の作り方が紹介されていますが、おせち料理って簡単に作ると簡単にいたむんです。やっぱり手間をかけたほうが長持ちしますので、丁寧に作りましょう。丁寧のよさを感じましょうって。

佐藤　それはいいわね。それは私も賛成。

牧田　私がどれだけ丁寧にやっても、やっぱり先生の丁寧さにはおよびません（笑）。

動の祈り

牧田　先生の「動の祈り」という言葉も大好きです。日々の生活が祈りだと考えればいいんですね。先生はキリスト教の信者さんだから、日々お祈りされていると思っていたら映画やご著書の中で、毎日お料理することが祈りだとおっしゃって、みんなすごく喜んだんです。

佐藤　そんなに教会に行けないですからね。

牧田　私は家事、育児、介護に、とにかく忙しい中、ずっとフルタイムで仕事をしてきました。本当に忙しくて、みなさんのように神社やお寺に行けないことがとても心にひっかかっていたんです。でも、先生の動の祈りという言葉に救われました。

佐藤　生活することすべてが祈りですからね。だから毎日の生活が大切なの。

牧田　お祈りに行かない分だけ、人のために何かやろう、丁寧にしようと。それが自分流の動の祈りだと考えることにしました。

佐藤　カトリックの信者の女優さんに相談されたのが、忙しくて、祈ることができずにとても悩んでいるって。私は言ったの。今はそんなんではないですよ。前だったら座って話を聞くのが信者さんだったけど、今は動くことが祈りなんですって言ってあげたの。そうしたら安心しましたって。舞台でその話をしておられたそうです。

お母さんの病気の見舞いに行けないって悩んでいた人も、あとで「先生、私ね、動の祈りをしてたの」って言われた。行けないで悩んでいる人がたくさんいるのよ。

牧田　先生が作られた、動の祈りという考え方に救われた人はたくさんいると思います。

佐藤　そうだといいんですけど。ところで、あなたのお母さんは若くして亡くなったの？

牧田　母が亡くなったのは83歳でした。母は東京で、私は大阪、妹は千葉やアメリカで、なかなか看病はできなかったんです。私は主人の母とその姉と同居していたので、２人の入院や介護で、実家の母の看病があまりできなかったのが心残りです。

妹とよく「初女先生はお母さんに似てるね」と話しています。日本中の人がみんなそう思いそうな日本の理想のお母さん像ですが、私たち姉妹は本当にそう思いました。

佐藤　もったいない。そういえば、あなたのお家も珍しいご縁があるのね。

牧田　はい、ご縁があって住むことになった家が、ガイアシンフォニー第一番で紹介された一粒のトマトから一万数千個の実がなるハイポニカ農法を発見された野澤重雄博士のお家だったんです。これも住んでから後に知るんです。ガイアつながりです。

佐藤　何かがつながってるみたいね。不思議なご縁ですね。

牧田　ご縁があると、次々にその縁がつながっていきますね。先生とお出会いしてから、手は届きませんが、目標ができました。自分も先生のようになりたいと思ったんです。それが、３つ４つ年上の方だと3、4年では追いつけないけど、20歳以上離れた先生だと、20年頑張れば私も先生に近づくくらいになれるかしらって、なれなくても目標になりますでしょう。先生と出会って人生が変わりました。

佐藤　私はなにも……。

牧田　先生は静かにそこにおられるだけで、向かい合う人が何かを気づき、感じるんです。

佐藤　私は特別なことは何もしないのよ。私が結論を出すわけでもないし、アドバイスするわけでもありません。みなさんが、思いのたけを話して、受け入れられたと安心すると、気持ちが落ち着いて自分で考えることができるようになるんです。

牧田　先生が「わかちあい」と言われることですね。

佐藤　心を透明にして、人の話を聞くようにしています。そうそう、「限りなく透明に凛として生きる」（ダイヤモンド社）を新刊として書き上げました。ゆかりの先生方との対談も載せています。

牧田　まあ、楽しみにしています。

佐藤　私も牧田さんのお料理の本ができあがるのが楽しみです。

佐藤初女

１９２１年青森県生まれ。青森技芸学院（現・青森明の星中学・高等学校）卒業。小学校教員を経て、１９７９年より弘前染色工房を主宰。老人ホームの後援会や弘前カトリック協会での奉仕活動を母体に、１９８３年、自宅を開放して『弘前イスキア』を開設。１９９２年には岩木山麓に『森のイスキア』を開き、手作りのおむすびや手料理で、多くの人の心を癒している。１９９５年に公開された龍村仁監督の映画『地球交響曲〈ガイアシンフォニー〉第二番』で活動が全世界に紹介され、国内外で講演会を行っている。

●イスキアとは
イタリア・イスキア島の伝説にならって、そこへ行けば自分を見つめなおし、癒され、新たなエネルギーを得られるという思いを込めて名付けられた。

本書の見方・使い方

本書を手に取っていただいてありがとうございます。

本書の分量は、特別に記載のないものは２人分を前提に表示しています。
しかし、少なくては作りにくいもの、買ってきた食材が中途半端に余ってしまう、
などの料理については分量を変えています。

また、２人分で紹介している料理を６人分で作るとき、
必ずしも調味料すべてを３倍にすることが正しいとは限りません。
調理するときに、味見をしながらひと工夫してください。

1cup = 200cc、大さじ 1 = 15cc、小さじ 1 = 5cc（いずれもすり切り）、
水は 100cc = 100 g ですが、ほかの液体や食材は、量（cc）と重さ（g）は違いますので、
表示に注意してください。

☆水溶き片栗粉は、記載がないときは片栗粉と同量の水で溶いたものです。

料理教室での著者（中央）

洋食

丸鶏の塩釜焼き

丸ごと 1 羽を使った贅沢な 1 品。パーティーの主役に

材料

鶏…丸1羽
玉ねぎ…1個
人参…1本
セロリ…1本
にんにく…1片
ローズマリー…少々
ブロッコリー…1株

塩…1～2kg
卵白…1～2個分
（鶏の大きさによる）

調味料

塩·胡椒…適量

作り方

1. 鶏を丸ごと購入し、内蔵の掃除はお店でしてもらう。
2. ブロッコリー以外の野菜と香草を刻んで塩·胡椒でもみ、お腹の中に詰める。
3. 鶏に塩·胡椒をして一晩おく。
4. 鶏の水分をしっかりふき取り、足を糸または竹串で固定する。
5. 卵白と塩をよく混ぜ、鶏全体におおうように包む。
6. 220℃のオーブンで50～60分焼く。
7. 茹でたブロッコリーを添える。
8. 木槌のようなもので塩をたたき割り、鶏に塩が付かないようにとり分ける。

Memo
お腹の中に詰めた野菜は食べずに、スープのだしなどに使うとよい。

サザエのバジルソース焼き

サザエがまるで高級なエスカルゴのように

材料（1人分）

サザエ…1～2個
フランスパン
（バゲット）
にんにく…少々
バター…少量

調味料

塩･胡椒…少々
バジルソース
マヨネーズ

作り方

1. サザエはよく洗って鍋に入れ、ひたひたの水から茹でる。沸騰してから5分ほど茹で、冷水に取り、小さなフォークで中身を抜き出す。サザエのねじれと反対方向に貝を回すとうまく取り出せる。
2. サザエの身のすぐ下の肝が苦いので、好みで除く。ただし一番奥から出てきたカタツムリのような部分は食べる方に入れる。身を食べやすい大きさにカットし、全体を軽く塩･胡椒しておく。
3. バジルソースとマヨネーズを2:1で混ぜてソースにし、カットした身に和えて、きれいに掃除した貝殻に詰める。一番上にさらにソースをかけて、200℃のオーブンで10分ほど焼く。
4. フランスパンは薄切りにして軽く焼く。表面が乾いたら、半分に切ったにんにくを表面にこすりつけ、バターを薄く塗ってもう一度トーストし、★ガーリックトーストにする。

Memo
サザエの中のソースをトーストにつけると美味しい。

紅茶豚

保存食やプレゼントに!

材料

豚肉かたまり
(ヒレまたは肩ロース)…400g
玉ねぎ…1個
粒マスタード

準備するもの

たこ糸

調味料

紅茶のティーバッグ
…2袋
醤油…1cup
酢…1/2cup
みりん…1/2cup
ローリエ…1枚
(醤油・酢・みりん・ローリエ=Ⓐ)

作り方

1. 豚肉の形を鍋に入る大きさに整え、たこ糸できっちり締める。
2. 鍋に沸かしたお湯にティーバッグを入れて濃いめの紅茶を作り、豚肉を入れ、20〜30分かけて中心までしっかり火を通す。
3. ステンレスかホーロー鍋で調味料Ⓐを煮立てタレを作る(酢を使うのでアルミと鉄の鍋は避ける)。
4. 肉とタレが同じ温度になったら、ジップつきの袋に両方を入れて漬け込む。
5. 2時間以上漬けてからたこ糸をほどいて薄切りにする。
6. 皿に紅茶豚を並べ、タレをかけて粒マスタードを添える。玉ねぎのスライスと一緒に食べると美味しい(冷水につけて辛みを抜く)。

Memo
徐々に味が染みこみ、冷蔵庫で1週間〜2週間ぐらい保存できる。まとめて作っておくとタレも共有でき、1年を通して常備菜として便利。

夏野菜のベーコンスープ

トウモロコシとベーコンのやさしい旨みでたっぷり食べたい

材料

ベーコン…50g
玉ねぎ…1〜2個
トウモロコシ…1本
さつまいも（小）…1本
なす…1本
完熟トマト…1〜2個
緑の野菜（枝豆、ブロッコリー、など）
水…3cup
※人参、ズッキーニ、セロリ、かぼちゃでもOK

調味料

固形スープの素…1個
塩・胡椒

作り方

1. ベーコンは1cmの短冊、野菜は一口大に切る。
2. 厚手の鍋を熱し中火でベーコンを炒める。ベーコンに脂肪分が少ないときはサラダ油を加えて炒め、ベーコンの旨みをしっかり出しておく。
3. 玉ねぎを加えて炒め、トウモロコシも加え、香りが出てきたら緑の野菜以外を全部入れて、水と固形スープの素を加えて煮込む。
4. 鍋の中で自然に湯むきされたトマトの皮を取り除き、さつまいもとトウモロコシがやわらかくなるまで煮る。
5. 味を見て塩・胡椒し、緑の野菜を加えてひと煮立ちさせて火を消す。透き通ったスープを作りたいときはトマトを遅めに入れて、弱火でゆっくり煮るとよい。

新玉ねぎのステーキ

シンプルな玉ねぎがご馳走に！

材料

新玉ねぎ…大1個
または小2個
オリーブオイル
…大さじ1
粉チーズ…大さじ4

調味料

塩·胡椒…適量

準備するもの

蓋のできる
フライパン

作り方

1. 新玉ねぎは皮をむいて、厚めの輪切りにする。
2. 熱したフライパンにオリーブオイルを入れ、玉ねぎの切り口を下にし、蓋をして中火でゆっくり焼く。
3. やわらかくなりすぎないうちに、ヘラでていねいに裏返し、塩·胡椒をする。蓋をしてしっかり芯まで火を入れる。
4. 粉チーズをたっぷりのせる。

鶏のレモンクリーム煮

コクがあるのにさっぱりした味わい。おかわりしたくなる味

材料（作りやすい量）

鶏もも肉…500g
玉ねぎ…1個
レモン…1個（できれば無農薬のもの）
生クリーム…1cup
白ワイン…1/2cup

調味料

塩･胡椒…適量

煮込み用の調味料

固形スープの素…1個
砂糖、生姜スライス（あればコリアンダー、クローブ、サフラン）…すべて適量

作り方

1. 鶏肉に塩･胡椒し、玉ねぎはスライスする。
2. レモンは3mmのスライスに（外国産レモンは皮をむいて使う。国産レモンの皮は苦みが強ければ皮をむく）。
3. フライパンにオリーブオイルを熱し、鶏肉の表面に焼き色をつける。
4. 3を厚鍋に移し、そのフライパンで玉ねぎを炒め、塩･胡椒を軽くして鶏肉の鍋に入れる。
5. 鶏肉の表面をおおうようにレモンを並べ、固形スープの素と煮込み用調味料を入れ、水1/2cupと生クリームを加えて煮込む。
6. 煮立ってきたら、白ワインを入れて再び煮立て、具が踊らない程度の弱火で煮込む。具が柔らかくなったら完成（約30分くらい）。
7. ご飯にかけていただく。

Memo
骨付きのぶつ切り肉で作ると、スープにコクが出る。

筍ハンバーグ

筍のかたい部位をミンチと衣にした春の一品

材料

筍のかたいところ
…100g
鶏ミンチ…100g
蓮根…30g
豆腐…50g
干し椎茸（戻す）…1枚
卵（小）…1個
片栗粉…適量
茹でたほうれん草…50g
木の芽…10～15枚

調味料

昆布茶…小さじ1
白味噌…50g
みりん…大さじ1

作り方

1. 茹でた筍の半分はフードプロセッサーで細かくする。残りは4mmのサイコロ状にカットする。
2. 蓮根はすりおろし、戻した干し椎茸はみじん切りにし、細かくした筍と豆腐、鶏ミンチ、卵を混ぜて昆布茶で味つけをし、ハンバーグの形に整える。
3. サイコロ状に切った筍に片栗粉をまぶし、ハンバーグの周りに衣のようにつけ、フライパンで焼く。
4. 茹でたほうれん草は水気をきり、木の芽と一緒にフードプロセッサーにかける。
5. 小鍋に4と白味噌・みりんを入れて火にかけ、ツヤがでるまでよく混ぜてソースを作り、ハンバーグにかける。

牛肉の照り焼き

時間がないときでもできる、お手軽肉料理

材料

牛肉（薄切り）…150g
片栗粉…適量
キャベツ…適量
サラダ油…大さじ2

調味料

だし…50cc
醤油…大さじ2
みりん…大さじ2

作り方

1. 牛肉は広げて、ていねいに片栗粉をつける。
2. 油を熱したフライパンに牛肉を入れて両面を焼き、取り出す。
3. フライパンをきれいにして調味料を煮立て、再び牛肉を入れて照り焼きにする。
4. キャベツを千切りにし、トマトなどをあしらい、盛り付ける。

鰹のステーキ

香り高く焼いた鰹が夏のスタミナ源に最適

材料

生の鰹…200g
薄力粉…少々
カレー粉…少々
にんにく…1片
大葉…2枚
玉ねぎ…1/3個
マッシュルーム…3〜5個
サラダ油…大さじ1/2

調味料

バター…10g
赤ワイン…大さじ2
トマトケチャップ…大さじ1/2
塩･胡椒…少々

作り方

1. 薄力粉にカレー粉を混ぜておく。
2. さくのまま鰹のまわりに1をつける。
3. にんにくとマッシュルームはスライス、大葉は千切り、玉ねぎは薄切りにする。
4. フライパンにサラダ油を熱し、にんにくを低温で揚げる。にんにくを取り上げ、その香りのついた油で鰹の皮面から香ばしく焼き、中はレアにしておく。取り出し食べやすい大きさにスライスする。
5. 同じフライパンにバターを溶かし、玉ねぎがしんなりするまで炒め、マッシュルームと大葉を加える。塩･胡椒をして赤ワインと好みでトマトケチャップを加え、少々煮つめてから鰹の上にかけ、揚げたにんにくをトッピングする。

豆入りミネストローネ

豆はトマトスープと相性抜群

材料（作りやすい量）
※は必須
※白インゲン豆（乾燥）
…50g
※にんにく…1片
※ベーコン…50g
※玉ねぎ…1/2個
※人参…50g
セロリ…50g
トマト…1個
ジャガイモ…1個
緑の野菜…適量
※オリーブオイル
…大さじ1

調味料
固形スープの素…1個
ローリエ…1枚
トマト缶…1缶

作り方

1. 白インゲン豆は一晩水につけ、柔らかくなるまで茹でる（缶詰や冷凍でも可）。
2. にんにくはみじん切り、ベーコン、玉ねぎ、人参、セロリ、トマト、ジャガイモは1cm角にカットする。トマト缶のトマトも細かくしておく。
3. 鍋にオリーブオイルを温め、にんにくとベーコンを焦がさないようにゆっくり炒める。ベーコンから脂が出たら玉ねぎ・人参・セロリを炒め、トマトを加える。
4. しんなりしてきたら水3cupと固形スープの素、ローリエ、トマト缶のトマトを汁ごと加え、豆とジャガイモも入れて、20～30分ほど煮込む。
5. 緑の野菜を別の鍋で茹でてトッピングする。好みで粉チーズをかけてもよい。

白ねぎと人参のカレーマリネ

肉や魚料理に、ちょっと添えるピリッとしたアクセント

材料

白ねぎ…2本
人参…小1本
鷹の爪…1/2本
サラダ油…適量

調味料

酢…1/2cup
カレー粉…大さじ1
塩·胡椒…小さじ1/3
砂糖…小さじ1～2

作り方

1. 白ねぎは6センチぐらいに切りそろえる。
2. 人参は皮をむいて、刺身のケンを作るようにスライサーで引いておく。
3. 鷹の爪は種を除いて小口切りにする。
4. 3と調味料を合わせ、カレーマリネ液を作る。
5. フライパンにサラダ油を熱し、白ねぎを入れて焼く。
6. 少し焦げ目のついた熱々の白ねぎをカレーマリネ液につける。
7. 人参はそのままマリネ液に入れる。皿に盛るときは別々に分ける。

なす揚げのクジラ仕立て

クジラが海で泳いでいる姿をイメージ。子どもたちに大うけ！

材料

なす…2個
はんぺん…1/2枚
小麦粉、卵、パン粉
…適量
春雨…4本
揚げ油

調味料

とんかつソース
…適量

作り方

1. なすはヘタを落とし、縦半分にカットする。下から2/3あたりまで、クジラの口に見立てて包丁を入れる。
2. 包丁を入れたところに、はんぺんをクジラの歯になるようにカットしてはさむ。
3. クジラが塩吹きするところに爪楊枝を差し、フライの衣（小麦粉・卵・パン粉）をつけて170℃の油で揚げる。なすの皮部分は衣がつかなくてもよい。
4. 爪楊枝を抜いて、代わりに塩吹きのように形を作った春雨をさして、とんかつソースでいただく。春雨は飾りなので食べられない。

紫芋のスープ

ショッキングな美しい色にびっくり

材料

紫芋…300g
さつまいも…
飾り用に少量
牛乳…1.5cup
生クリーム
…大さじ2＋少々
コーンスターチまたは
片栗粉

調味料

固形スープの素…1個
塩·胡椒…少々

準備するもの

裏ごし器またはマッシャー

作り方

1. 紫芋の皮をむき、水につけてアク抜きをする。
2. 飾り用にさつまいもを4枚くらいスライスし、あれば飾り型で抜いて、なければマッチ棒くらいの千切りにして、素揚げしておく。
3. 紫芋は、固形スープの素を入れて茹で、柔らかくなったらマッシュする。
4. 鍋に3と紫芋の煮汁または水を1cupと牛乳を入れて塩·胡椒で味を調え、生クリーム〈大さじ2〉を加えてコクを出す。好みで大さじ1～2のコーンスターチか片栗粉を同量の水で溶いて回し入れ、とろみをつける。
5. 器にスープを入れ、素揚げしたさつまいもと生クリームをあしらう。

彩り野菜のマリネ

余った野菜をどんどん活用、それぞれの旨みと歯ごたえが楽しめる

材料（多めに作る）
※は必須
※きゅうり、※玉ねぎ、
※キャベツ、※人参
パプリカ（赤·黄）、セロリ、
大根、蓮根、カリフラワー、
蕪それぞれ100gくらい
色物は控えめに。
鷹の爪…1本
サラダ油…大さじ2

調味料
酢…大さじ4
ローリエ…1～2枚
砂糖…小さじ2
塩·胡椒…少々

作り方

1. キャベツは3cmの角切りにする。玉ねぎ、大根は千切りにして、きゅうり、人参、セロリ、パプリカは存在感があるように乱切りにする。野菜全体に塩をふって混ぜ、できれば重しをしておく。
2. カリフラワーは小さめの房に分け、蓮根は薄切りにしてどちらもかために茹でる。
3. 30分ほどしたら、1の塩味を見て、辛ければ少し水ですすぎ、よければそのまま絞る。
4. ボールに調味料を入れておく。フライパンか小鍋でサラダ油に種を取り除いた鷹の爪を入れて熱する。鷹の爪が黒くなったら、熱々の油を酢の中に入れマリネ液を作る。辛いのが苦手なら鷹の爪を取り上げる。野菜を入れてよく混ぜ冷やす。

Memo
冷蔵庫で4～5日持つので常備菜に。

秋のフルーツサラダ

柿とリンゴが出回る季節のフルーツサラダ

材料

リンゴ…1/2個
柿…1/2個
きゅうり…1本
あれば梨…1/2個

調味料

マヨネーズ…大さじ2
砂糖…小さじ1
塩·胡椒…少々

作り方

1. きゅうりは乱切りにする。
2. リンゴは塩と酢を手のひらに取って、農薬を除くため皮を磨くようによく洗う。リンゴは芯を取って皮のまま、柿は皮をむいて種を除き、乱切りにする。梨があるときは皮をむいて同じ大きさに切る。
3. リンゴは時間をおくときは塩水を通す。
4. マヨネーズに、塩·胡椒と隠し味の砂糖を混ぜておく。
5. いただく直前にフルーツと4を混ぜ合わせる。

水なすときゅうりのサラダ

水なすときゅうりを切るだけ。いただく寸前に作るのがコツ！

材料

水なす（小）…1個
きゅうり…1本
粉チーズ…大さじ2
ピンクペッパー
…少量

調味料

塩·胡椒…少々

作り方

1. きゅうりは縦4等分に切って、1cm角にカット。
2. 水なすは、きゅうりの大きさに合わせて1センチ角に切る。色が変わるのでいただく寸前にカットする。水っぽくなるので、アク抜きの塩水は使わない方がよい。
3. 塩·胡椒を控えめに振り、粉チーズを加えて混ぜる。
4. ピンクペッパーをトッピングする。

ミニミニピザ

ギョーザの皮が余ったときに、おやつやおつまみに最適

材料

餃子の皮…人数×3枚
ベーコン…適量
ミニトマト
…餃子の皮と同数
ピーマン…適量
ピザ用チーズ…適量

調味料

オリーブオイル…適量
ピザソース…適量

作り方

1. ベーコンは細切り、ミニトマトは薄切り、ピーマンは輪切りにする。
2. オーブンの天板にクッキングシートを敷き、餃子の皮を並べ、オリーブオイルを刷毛か指で塗る。
3. ピザソース、なければトマトケチャップを全体に塗る。
4. 薄切りにしたミニトマトを、1枚につき1個分のせる。
5. ベーコンをのせる。ハムでもいいが、ツナのように水っぽいものはNG。
6. 輪切りにしたピーマン、チーズをのせて、200℃のオーブンで5〜7分様子を見ながら焼く。チーズが溶けて全体が焼けたらOK。あまり火が強いと皮が焦げる。
7. 好みでタバスコをふりかける。

ブルスケッタ

トマトとバジルのフレッシュな香りがポイントのイタリアン！

材料

フランスパン（バゲット）
トマト…大1個
玉ねぎ…1/2個
バジル…2～3枚
にんにく…少々
バター…少量

調味料

エクストラバージン
オリーブオイル…適量
塩·胡椒…適量

作り方

1. トマトは湯むきして種を除き、粗みじんに切ってざるにあげ、自然に水気をきっておく。
2. 玉ねぎ、バジルをみじん切りにする。
3. トマト、玉ねぎ、バジルを混ぜて、オリーブオイル、塩·胡椒で味を調える。
4. ガーリックトースト（作り方22ページ★参照）に、冷やした3をたっぷりのせる。

Memo
パンの穴から汁が落ちやすいので、家族やお客様に一言伝える。

そら豆の香り炒め

ビールのおつまみに最適!

材料

空豆…6本
にんにく…小1片
バター…10g

調味料

塩・胡椒

作り方

1. 空豆をさやから出して、かためにゆでる。
2. にんにくを細かいみじん切りにする。
3. フライパンにバターを溶かし、にんにくを焦がさないように炒める。
4. 空豆を皮ごと入れてさらに中火で炒める。
5. 皮がカリっとしてきたら、塩・胡椒をする。

カキのオイル漬け

冷蔵庫にあったらなにかと便利な保存食

材料

生食用カキ
（できれば大きめ）
…2パック
グレープシードオイル
（サラダ油）…適量
ローリエ…1枚
鷹の爪…1本

調味料

オイスターソース
…大さじ1.5

作り方

1. カキは塩水でていねいに洗い、水気をきっておく。
2. 保存容器にローリエと、種を除いた鷹の爪を入れておく。
3. テフロン加工のフライパンで、油を敷かずにカキを入れて、水分がなくなるまで焼く。途中キッチンペーパーで水分を吸い取ったり、ざるにあけて水気をきったりしてもよい。
4. 水気がなくなったら、オイスターソースを加えて絡ませる。
5. 保存容器にカキをならべ、グレープシードオイルをひたひたまで注ぐ。
6. 食べるときは、ガーリックトーストのカナッペや皿にオニオンスライスを敷いてカキをのせる。レモンを絞ってもよい。

Memo
テフロン加工のフライパンがないときは、フライパンにクッキングシートを広げて加熱する。オリーブオイルは冷蔵庫でかたまりやすいので不向き。1週間から10日くらいは日持ちする。

茸のいろいろマリネ

パスタに、炒めものに、ブルスケッタにと、いつでも使える常備菜

材料

エリンギ・舞茸・椎茸・
しめじ茸・えのき茸
…各1パック分
ローリエ…小1枚
鷹の爪…1/2本
ピンクペッパー
…6〜10粒

調味料

砂糖…小さじ2
酢…大さじ
塩・胡椒…少々

作り方

1. エリンギは乱切り、他の茸は石づきを取って、一口大にほぐす。
2. 熱湯を沸かし、少し濃いめの塩加減にし、茸を入れて沸騰したらざるに上げて粗熱を取り、熱いうちにへらでおさえて水気をきる。
3. ステンレスのボールに、調味料とピンクペッパーを入れておく。
4. 小鍋か小さなフライパンにサラダ油を入れ、鷹の爪の種を除いて加熱する。鷹の爪が黒くなって油に香りが移ったら、3に熱々の油をジュッと入れて、フライパンに残った油を茹でた茸でふくようにして、3のボールに茸を入れて混ぜる。
5. 冷蔵庫で30分以上漬けていただく。

Memo
冷蔵庫に入れて3日くらいは歯ごたえよく日持ちする。

アドバイス1

ハーフメイド料理

　仕事を終えて、食べ盛りの子どもや家族が待つ家に帰ってから、料理をするのはかなりハードなことです。それでも、出来合いのお惣菜を買いたくないという主婦の意地、それに経済観念も頭をよぎります。
　そこで、帰ったらすぐできる下ごしらえ……つまりハーフメイド料理を準備しておくことにしました。これは、時短ばかりでなく経済的にも心のゆとりにもつながるんです。

　たとえば、お肉の安い日にひき肉を多めに買って、玉ねぎ・人参・セロリなどのみじん切りと炒めておきます。半分は塩・胡椒味で、もう半分はトマト缶やケチャップでトマト味にしておきます。
　塩・胡椒味は炒飯にも使えるし、ジャガイモをゆでればコロッケにも使え、かぼちゃをゆでてマヨネーズで和えればサラダになります。生春巻きに変身したり、ドライカレーにも早変わりします。

　トマト味の方は、そのままパスタに使えるし、オムレツの中身にもなります。ちょっとご馳走にしたければ、ジャガイモをゆでてチーズをのせてグラタンにもなります。
　すぐに使うこともできるし、冷凍庫に保管して少しずつ使うこともできます。冷凍するときは、次にどんな料理に使うかを考えて小分けにします。一週間の食事計画をたてると合理的ですね。

塩・胡椒味をアレンジ

ひき肉の塩・胡椒味

かぼちゃのサラダ

トマト味をアレンジ

ひき肉のトマト味

ミートスパゲティ

ドライカレー

生春巻き

オムレツ

グラタン

ちょっと味が濃いめのハーフメイドすき焼きを作っておくのも便利です。鍋に入れて、ねぎか三つ葉を入れて卵とじすれば、すき焼き丼がすぐできます。ジャガイモを茹でて、一緒に煮込むと肉じゃがです。湯を加え薄味にして温めた豆腐を入れ、水溶き片栗粉であんかけにすればもうご馳走です。

もう一つエコと時短のための技を紹介しましょう。干し椎茸、かんぴょう、ひじきを購入したら、何に使うか考えて袋全部を先に調理してしまうのです。

　干し椎茸は、1袋（50〜60g）を、水3cupで戻し、そのつけ汁と砂糖・みりん・醤油それぞれ大さじ3ずつ入れてじっくり煮て和風の旨煮にして冷凍しておくと、和食に使いやすいです。

　かんぴょうは、塩水で揉んでしばらくつけて戻し、椎茸の煮汁に調味料を足して好みの味に

すき焼きのもと

すき焼き丼

肉じゃが

アドバイス1

ハーフメイド料理

仕上げ、使いやすい長さに切って冷凍します。お寿司が食べたいとき、すぐに具として使えます。

　ひじきもよく洗って戻し、だし・醤油・みりんで薄味に煮ておくと、ひじきご飯やサラダ、酢のものといつでも使える常備菜になります。

　また、卵白や卵黄が残ったときは、2〜3個の全卵を足して、錦糸卵や卵そぼろを作っておきます。お寿司のネタや、春雨サラダのトッピングにと応用範囲が広く便利です。

　お腹を空かせて待っている家族も、一見手の込んだお料理が出れば、もうそれはサプライズ！顔もほころび食卓がにぎわいます。

　仕事を持つ主婦が、手際よくこんな料理をさりげなく食卓に出したら、家族が「ウチのお母さんやるな！」と、きっと見直してくれます。

かんぴょう　錦糸卵　干し椎茸

お寿司　春雨サラダ

Column.1

食事は人と人をつなぐ！

東京で暮らしていた私は、結婚と同時に大阪暮らしとなり、幸運なことに元の会社関係に復職することができました。まだ共働きがそう多くない時代でしたが、夫の母とその姉との同居で「家に主婦が3人いても」と、共働きを選んだのです。私は主婦が3人だと思っていましたが、明治・大正生まれの義母たちは、嫁が家事をするのが当たり前だと思っていました。

次々に3人も子どもができ、その当時としては珍しく、産前産後休暇をいただいて（育児休暇制度はまだなかった）、職場の制度と上司・同僚に感謝しながら勤務を続けることができました。

職場は、社員の労働条件を決める労働組合本部。労使会議が頻繁に開かれ、終了後は、交渉のとげとげしさの緩和や、労使それぞれの本音をわかりあうために両者で食事をすることが多かったのです。

オイルショック後、会社は不況対策や経費節減で、労使の懇親会どころではない時代になりました。労使会議はシビアになり、会社も会議後の食事会が持てず、ギスギスした人間関係になりつつありました。そんなときでした。ときの労組リーダーが、「会社ができないなら、労働組合らしい方法で、苦労している経営者たちを励まして、不況を乗り越えてもらおう」と手作りの懇親会が提案されました。

当時、職場にいた女性は5、6人。既婚者は私だけで、料理に自信があるわけはないし、東京本社から来られる重役さんたちが喜ぶ食事を作るなんてもってのほかでした。でも、趣旨は素晴らしいし、子育てや老人介護など日ごろ何かと職場の厚意に甘えることが多かった私としては、何かで挽回したい気持ちも大きかったのです。

「やってみます！」と引き受けた最初の料理は、湯豆腐とちょっとしたおつまみでした。でも、その反響が労使間で大きかったらしく、厨房の設備を整えてもらいました。女性陣の手作りメニューもランクアップし、どんどんレパートリーが広がり、内容が充実していくのです。お世辞半分と思いながらも、「ユニオン・パーティ」と名付けられた食事会は、会社で好評（？）だったのです。会社を退職して何年も経つのに、OBの方々に会うと今でもそのユニオン・パーティーが話題になり、料理が人と人をつなぐことをしみじみと実感します。

当時は日常の仕事にプラスして、食材の買い出しや料理に時間がさかれるのは、ある意味女性社員の大きな負担でした。でも、考え方を変えれば、仕事時間中にお料理の練習ができる場でもあったのです。

私が会社退職後、料理教室を開き、こうやって料理本を出すに至るなんて考えてもみませんでした。すべて、このときの貴重な体験のおかげです。

和食

夏野菜の変わりソースがけ

夏野菜は揚げると美味しさが倍増。いつもと違うソースで楽しんで

材料（野菜は適量）

かぼちゃ
オクラ
なす
万願寺唐辛子
パプリカ
揚げ油

調味料

大根…50g
リンゴ…1/4個
生姜…1片
醤油…大さじ2
ごま油…大さじ1

作り方

1. かぼちゃは厚み7mmくらいのくし切り、オクラはへたを取り、なすは長めの乱切り、万願寺唐辛子はへたを切り、パプリカは乱切りにしておく。
2. 野菜は全て素揚げして、油を切って皿に盛る。
3. 調味料の野菜をすりおろし、好みの味に仕上げソースを作る（大根やリンゴの水気や甘さで加減する）。ごま油はお好みで。また、にんにくのすりおろしを入れてもよい。

小さな野菜寿司

漬物や野菜を一口サイズのにぎり寿司にして手軽におしゃれに

材料

寿司飯（3合）
煎り胡麻…大さじ4
〈寿司ネタ〉
干し椎茸、貝割れ菜、
白菜漬物、赤蕪漬物、
きゅうり漬物、
なす漬物、三つ葉、人参
海苔、わさび
（筍、芽ねぎ
などでもよい）

調味料

〈すし酢（合わせておく）〉
酢…1/2cup
砂糖…35g
塩…10g
〈干し椎茸（2枚）煮込み用調味料〉
椎茸の戻し汁…1cup
（足りないときは水を足す）
砂糖…大さじ1
みりん…大さじ1
濃口醤油…大さじ1

作り方

1. ご飯はかために炊き、すし酢を回しかけて、しゃもじで米を切るように混ぜ、仕上げに煎り胡麻を混ぜ込む。
2. 干し椎茸は水につけて落としぶたをして戻す。★鍋に煮込み用調味料を入れて煮立たせ、軸を取った干し椎茸を入れ、紙の落としぶたをして、アクを取りながら煮込む。冷めてから寿司ネタの大きさにスライスする。残りの煮汁で筍を煮つけてもよい。
3. 三つ葉はさっと茹で、海苔は5mm幅に切っておく。
4. 寿司ネタは大きさをそろえて切る。
5. 寿司飯を15gずつ、女性が一口で食べられる大きさににぎり、わさびを塗る。
6. 寿司ネタをにぎった寿司飯にのせる。貝割れ菜は海苔で帯をする。赤蕪、大根の漬物は茹でた三つ葉、細切りにし塩をした人参で縛る。白菜や高菜漬けは広げて寿司飯を包む。

Memo
寿司飯を作る時、風を送りながら混ぜるとツヤが出る。たくさんの料理が並ぶパーティのシメに、さっぱりした味が喜ばれる。

新生姜鍋

新生姜が出回る春から夏だけに味わえる鍋料理。シメの雑炊は絶品

材料

豚しゃぶ肉…10〜15枚
新生姜…150g
だし昆布…10cm
ご飯…1cup
卵…1個
青ねぎ…1本
もみ海苔…適量

調味料

水…3cup
薄口醤油…大さじ1
市販のごまダレ

作り方

1. 新生姜は皮ごと細い千切りにする。
2. 鍋にだし昆布と水を入れ、沸騰したら昆布を取り出し、薄口醤油を入れる。
3. 鍋に新生姜をたっぷり入れて煮立て、豚肉を1枚ずつ広げて入れて火が通ったら新生姜を包み、ごまダレでいただく。
4. 豚肉を食べ終わったら、ご飯を入れて雑炊を作り、卵と刻んだ青ねぎで整え、器に盛ってもみ海苔をかける。雑炊の味が薄いときは、ごまダレの残りを少し加える。

Memo
生姜の辛みがだしで中和されて食べやすく、たっぷりの生姜で体が芯からぽかぽかする。ひね生姜を使うと辛すぎるので新生姜がいい。

白子と百合根の柚子釜焼き

白子のコクと百合根の甘味を柚子の香りがキリッとひきしめる

材料

柚子…2個
たら白子…50g
百合根…4片
※柚子の大きさによって分量を調整する。

調味料

〈白味噌マヨネーズ〉
白味噌…大さじ2/3
マヨネーズ…大さじ1
みりん…小さじ1

作り方

1. 百合根はほぐして、茹でておく。
2. たらの白子は、臭み抜きと扱いやすくするために、熱湯でさっと茹でて氷水に取る。食べやすい大きさに切り、筋の部分は包丁かハサミで取り除く。
3. 柚子はよく洗って、ヘタから1/3のところでカットし、果肉を掻き出す。
4. 調味料をすべて混ぜ、白味噌マヨネーズを作る。
5. 百合根、白子、それぞれに白味噌マヨネーズを絡め、柚子釜を器に見立てて、百合根を底に、その上に白子をのせる。さらに白味噌マヨネーズをトッピングして、オーブントースター（210℃）で10～15分焼く。焼き時間は柚子の大きさによって加減する。

Memo
好みで柚子の釜も食べられるが、苦みの強い種類もあるので気をつけて！鯛の白子で作っても美味しい。

お刺身サラダ

いつもの刺身を香り高い野菜とごまダレでサラダに

材料

白身の刺身
（鯛、平目、カンパチ）、
鮭、貝柱など
白ねぎ…1本
貝割れ菜…1パック
パプリカ（赤・黄）
…各1/4個
（あれば好みで大葉、
大根、みょうが、セロリ、
うど、きゅうりなど）

調味料

市販のごまダレ
わさび

作り方

1. 白ねぎは6cmくらいの長さに切りそろえ、縦に切れ目を入れ、中心の緑の部分は除き、白いところだけ広げて重ね、繊維に沿って針のように切り氷水にさらす。
2. 貝割れ菜はよく洗い、根の部分をカットする。
3. パプリカは少し内側を削いで薄くして、千切りにする。
4. 野菜を敷いた皿に細切りにした刺身を盛り、上から軽く野菜をちらす。
5. 市販のごまダレにわさびを混ぜてタレを作る。

Memo
大根、みょうが、セロリ、うどを使うときは繊維にそって針のように切り、氷水の中でよく混ぜて、パリッとさせて水をきっておく。

筍の香り揚げ

味つけした筍を揚げるのがうまさの秘訣

材料

筍…150g
天ぷら粉…1/3cup
木の芽…10枚程度

調味料

塩（天ぷら衣用）
…小さじ1/4
いただくときに、
美味しい塩を適量

作り方

1. 筍は食べやすい大きさに切って、薄味で煮つける。
2. 木の芽を包丁で細かく叩いて天ぷら粉に混ぜる。若い小さな木の芽が入手できたら、刻まずに、その姿のまま衣に混ぜてもよい。
3. 2に塩と冷水を加えて天ぷらの衣を作り、筍をさっとくぐらせて、高温で揚げる。
4. 木の芽をあしらって、美味しい塩を添える。

Memo
筍は前日に煮た残りなどを利用すると、味がしみていて美味しい。

なすのゆっくり煮

ゆっくり煮込んだなすは、昔ながらの家庭の味

材料

なす…2本
枝豆…適量
サラダ油

調味料

だし…1.5cup
砂糖…大さじ1/2
みりん…大さじ1
薄口醤油…大さじ1
濃口醤油…大さじ1

準備するもの

落としぶた

作り方

1. なすは小さめのときは、皮に茶せんのように縦に切れ目を入れ、大きいときは縦半分に切って、鹿の子模様に切れ目を入れる。皮だけに入れないと煮くずれる。
2. 鉄鍋に油を熱し、なすの表面を焼いたあと、さっと油分を湯で洗い流す。
3. 鍋になすと調味料をすべて入れ、落としぶたをして中火で煮込み、柔らかくなったら火を止めそのまま冷ます。
4. 冷めるときに味がしみるので、完全に冷めてから冷蔵庫で冷やし、器に盛って枝豆を飾る。

Memo
鉄分が反応して色よく仕上がるので、鉄鍋·中華鍋などを利用する。

鶏ささみの梅肉添え

冷たくてつるっとした食感がさわやか

材料

鶏ささみ…2枚
生姜汁…小さじ1/2
薄口醤油…小さじ1
片栗粉…大さじ2
貝割れ菜·ミョウガ·きゅうりなど

調味料

〈梅肉タレ〉
梅肉…大さじ1
だし…大さじ1
薄口醤油…小さじ1
みりん…小さじ2

準備するもの

ポリ袋

作り方

1. 鶏ささみは筋を除き、そぎ切りで一口大に切る。
2. 生姜汁と薄口醤油で軽く下味をつける。
3. 鶏ささみの水気をふき取り、ポリ袋に片栗粉を入れて、鶏ささみを少しずつ入れ、ポリ袋の中で片栗粉をまぶす。ポリ袋を風船状にふくらませてふるのがコツ。
4. 熱湯を沸かし鶏ささみをさっと茹でて氷水に入れ、しっかりと冷えたらざるに上げる。
5. 梅肉をすり鉢ですり、調味料と合わせておく。市販の梅肉ソースを少量のみりんで割ったり、市販の梅ドレッシングを利用してもよい。
6. 添え物の野菜を刻み皿に盛る。鶏肉を置いて梅肉タレを添える。

小芋煮の揚げもの

小芋の煮つけが余ったときのアレンジ料理

材料

煮つけた小芋
…10〜15個
片栗粉…適量
揚げ油

調味料

醤油…少々
おろし生姜…少々
（柚子こしょう）

作り方

1. 小芋の煮汁はふき取り、片栗粉をまぶす。
2. 170℃くらいの油で揚げて、おろし生姜と醤油、または柚子こしょうでいただく。

Memo
片栗粉を入れたポリ袋に小芋を入れて風船のようにふくらませてふると、小芋にまんべんなく片栗粉がつく。

ふろふき大根の鶏味噌かけ

透き通るように煮た大根に、鶏肉味噌をたっぷりと

材料

大根…6～8cm
（太さによって）
鶏ミンチ…50g
米のとぎ汁
昆布…4～5cm

調味料

だし…30cc
生姜汁…小さじ1
味噌…20g
（白味噌を1/2にしてもよい）
みりん…20cc
砂糖…小さじ1
柚子の皮…1/4個分

作り方

1. 大根の真ん中あたりを3～4cmの輪切りにし、厚めに皮をむき、面取りをし、片面に隠し包丁を入れておく。
2. 大根とかぶるくらいの米のとぎ汁を鍋に入れ、強火で煮る。
3. 竹串がスーッと通るようになったら、一度大根を取り上げ、水で洗う。
4. 鍋にひたひたの水と昆布と少々の塩を入れて、大根をコトコトとさらに柔らかく煮る。昆布は途中で引き上げる。
5. 鶏ミンチを小鍋にあけて、だしを入れてよく混ぜてから火を入れる。鶏ミンチに火が通ったら、脂やアクを取り、生姜汁と味噌を入れ、みりん、砂糖を加えよく混ぜる。柚子皮のみじん切りを加え、焦げないように鶏肉味噌を作る。

鰻のかば焼きもどき

豆腐で作るヘルシーなかば焼きは精進料理の「もどき料理」風

材料

もめん豆腐…100g
麩…10g
昆布茶…少々
片栗粉…適量
焼き海苔…1/2枚
木の芽
揚げ油

調味料

だし…1/4cup
醤油…小さじ2
みりん…小さじ2
粉山椒…少々

作り方

1. 麩はおろし金でおろすか、ポリ袋の中に入れ、たたいて細かくする。
2. ボールに豆腐を入れ、手で細かくつぶし、1と昆布茶、片栗粉を混ぜ合わせる。
3. 海苔を半分に切り、裏面を上に置き片栗粉をはたく。
4. 3に2を盛り、鰻のように形作る。長時間おくと海苔が水気を帯びて扱いにくくなるので、揚げる直前にする。
5. 油を160～170℃くらいに熱し、崩れやすいのでフライ返しなどに4をのせて、海苔面を下にして静かに入れる。鰻のようになるまで両面を揚げる。
6. フライパンにだし、醤油、みりんを入れて煮立て、泡が出てきたら、5を入れて軽く照りあげる。
7. 3等分にカットして、皿に盛って粉山椒をかけ、木の芽をあしらう。

翡翠《ひすい》なすのとろろかけ

なすの素揚げに長芋とろろを合わせた上品な味

材料

なす…2本
長芋…5cm
揚げ油

調味料

薄口醤油…大さじ1
生姜汁…小さじ1
昆布茶…小さじ1/2
＋水少々

作り方

1. なすは、ヘタの周りと身の部分の皮に縦6本くらい、包丁目を入れる。
2. 1を180℃くらいの油で素揚げし、芯まで火が通ったら氷水に取り、皮をむく。
3. なすを食べやすい大きさにカットし、薄口醤油と生姜汁で下味をつけ冷蔵庫で冷やす。
4. 長芋は、皮をむいて酢水につけてアクをぬいてからすりおろし、とろろにする。昆布茶を水で溶いたものを加えて味をつけて、冷やした小鉢に盛り付けたなすにかける。好みでわさびをのせてもいい。

Memo
高温で揚げて氷水に入れることでできる温度差が、なすを翡翠色にする。

根菜のカレー風味

余った根菜を素揚げしてカレー味でパンチをきかせる

材料

かぼちゃ、人参、
ごぼう、蓮根、パプリカ、
なす、オクラ、
万願寺とうがらし…
色や食感を取り混ぜ
各1/3cupくらい
鷹の爪…小1本
揚げ油

調味料

だし…1/2cup
ざらめ糖…大さじ1
カレー粉…大さじ1
薄口醤油…大さじ1.5
みりん…小さじ1

作り方

1. 調味料を小鍋に入れて、煮溶かしておく。鷹の爪は種を取って細かく小口切り。辛いのが苦手な人は大きいまま入れて途中で取り出す。
2. 野菜をすべて1.5cm角に切っておく。
3. かたいモノから素揚げする。ピーマン類は種が入るとはねるので注意する。歯ごたえを残して揚げ、軽く油を切っておく
4. 1を煮立たせ、3を入れて全体に絡める。

Memo
冷めても美味しいので、お弁当のおかずに最適。このほか、
さつまいも、長芋、三度豆、スナップエンドウなども美味しい。

蓮根と山芋の磯辺揚げ

蓮根や大和芋のもっちりした食感を楽しめる磯辺揚げ

材料

蓮根…100g
山芋…30g
卵白…1個分
昆布茶…少々
海苔…1/2枚
五色あられ…適宜
揚げ油

調味料

塩

作り方

1. 蓮根と山芋は皮をむき、酢水か米のとぎ汁につけてアクを抜き、洗い流して水をきる。
2. 蓮根はすりおろして少し絞って水気をきり、すりおろした山芋、卵白、昆布茶を混ぜて海苔にくるむ。両端に五色あられをつけて揚げる。
3. そのままでも塩をふってもよい。

筍ときゅうりの梅肉和え

筍の先端の柔らかいところを使い、梅でさわやかな味に

材料

筍の姫皮…50g
きゅうり…1/2本
梅干し…大1個
みりん…小さじ1
削り節…1/2パック

作り方

1. 茹でた筍の先端のやわらかい姫皮部分を千切りにする。
2. きゅうりは斜め薄切りしてから千切りにする。
3. 梅干しの果肉を包丁で細かくたたいて、みりんと合わせておく。
4. 1と2を合わせて、梅肉と削り節を混ぜる。

春野菜の白和え

春野菜の苦味を、白和えでまろやかに

材料

青菜（春菊・芹・人参葉など）
…1/2束
人参、こんにゃく、干し椎茸
…適量
豆腐…1/4丁

調味料

炒りごま…大さじ2
ごまクリーム…大さじ1/2
生クリーム…大さじ1/2
薄口醤油…小さじ1
砂糖…大さじ1

作り方

1. 豆腐は湯通ししてから冷まし、キッチンペーパーと布巾に包んで冷蔵庫に一晩入れ、水切りしておく。
2. すり鉢に、炒りたてのごまを入れてよくすり、調味料を入れてなめらかになるまでさらにする。
3. 2に1を入れて和え衣を作る。
4. 干し椎茸は煮て（作り方52ページ★参照）、3cmの長さの千切りにする。
5. 青菜は茎と葉を分けて茹で冷水に取り、よく絞って3cmの長さに切りそろえる。人参、こんにゃくは椎茸の大きさに合わせて切っておく。
6. 椎茸の煮汁にこんにゃくと人参の千切りを入れて、人参がやわらかくなるまで煮る。ただし、人参がやわらかすぎないように。
7. それぞれ水分をよく絞り、3に入れて混ぜ合わす。

五色きんぴら

根菜のきんぴらは、日本人の味覚にぴったり。おしゃれに彩と食感を楽しんで

材料

ごぼう…50g
蓮根…50g
パプリカ（赤・黄）
…各1/4個（人参でも可）
三度豆…20g
鷹の爪…1/2本
ごま…少々
サラダ油…大さじ1

調味料

Ⓐ
だし…大さじ1
酒…小さじ2
みりん…小さじ2
薄口醤油…小さじ2

ごま油

作り方

1. ごぼうはよく洗って、細めの千切りにし、米のとぎ汁につけてアクを抜く。
2. 蓮根はごぼうの長さにあわせて輪切りにしてから、縦にごぼうと同じ太さに切り、米のとぎ汁につける（ごぼうとは別にする）。
3. 三度豆はかためにに茹でて、ごぼうにあわせて斜めに細く切っておく。
4. パプリカの上下をカットして、ごぼうにそろえて切っておく。
5. 鷹の爪は中の種を除いておく。
6. ごぼうと蓮根は米のとぎ汁を洗い流して水をきる。
7. フライパンに油を熱して鷹の爪を入れ、黒くなって辛味が油に移ったら（辛いのが苦手な人はここで取り除く）、ごぼうを炒め、しんなりしてきたら蓮根を加えてさらに炒める。Ⓐを入れ煮込みながら水気を飛ばし、パプリカ、三度豆の順に加えて絡める。ごま油少々を回しかけ、火を止めて白ごまをふりかける。

人参の明太子炒め

人参の甘さに明太子の辛さがアクセントに

材料

人参…小1本
(約80g)
明太子…半腹
青ねぎ または
人参の葉…少々

調味料

マヨネーズ…小さじ2
薄口醤油
…小さじ1/2

作り方

1. 人参は刺身のケンのように千切りにする。スライサーなどを用いてもよい。
2. 明太子は袋から卵を出し、薄口醤油と合わせておく。
3. フライパン(できればテフロン加工)に、マヨネーズを入れて加熱し、人参を炒めしんなりしてきたら2を加えて、パラパラになるように炒める。
4. 器に盛って、青ねぎを飾る。

クワイの揚げ物

揚げものにして、クワイのほっくりした柔らかさと甘さを閉じ込める

材料

クワイ（大）…2個
クワイ（小）…6個
揚げ油

調味料

塩…適量

作り方

<大きいクワイ>

1. クワイを亀甲になるようにむき（丸くてもよい）、スライスして水に10分さらす。
2. 水気をふき取り160℃くらいの中温で揚げ、塩をふる。

<小さいクワイ>

1. クワイの底をきれいに薄くカットする。芽の根元などが汚いときは掃除する。
2. 中温の油でそのまま揚げて塩をふる。

おからサラダ

ツナ缶とマヨネーズでしっとりと仕上げるヘルシーサラダ

材料

おから…1cup
ツナ缶…小1缶
きゅうり…1/2本
赤いパプリカ…1/4個
コーン…1/3cup
干しぶどう…大さじ2
ハム…2枚
（具はお好みでよい）

調味料

マヨネーズ…大さじ2
塩･胡椒…少々

作り方

1. おからは新しいものを準備する。
2. 冷凍コーンは熱湯をくぐらせて水気をしっかり切る。缶詰のコーンはそのまま汁を切る。フレッシュコーンは塩茹でして粒を外して使う。
3. きゅうり、パプリカ、干しぶどう、ハムなどはコーンの大きさにそろえてカットする。
4. ツナ缶はオイルごとおからに混ぜる。
5. ツナ缶のオイル次第でマヨネーズを加減し、3を入れて、塩･胡椒で味を調える。冷蔵庫で2～3日は持つ。

切り干し大根のなます

残り野菜と一緒に切り干し大根の甘味と栄養を取りこむ

材料

切り干し大根…20g
キャベツ…2枚
人参…1/4本
きゅうり…1/2本

調味料

塩…少々
酢…大さじ2 ┐
砂糖…大さじ1 │Ⓐ
切り干し大根の │
戻し汁…大さじ2 ┘

作り方

1. 切り干し大根をひたひたの水につけてやわらかく戻し、水気を絞って4cmくらいにカットしておく。国産の場合は戻し汁を利用するため、あまりたくさんの水で戻さない。
2. キャベツ、人参は千切りにする。きゅうりは小口切りにする。
3. 切り干し大根以外の野菜は塩をし、しんなりしたら味をみて、塩辛いときは軽く水で洗って絞る。
4. 切り干し大根と野菜を混ぜて調味料Ⓐで和える。戻し汁やだしを入れると味がまろやかになる。

Memo
あまった野菜の処分に便利で、このままで1週間くらいもつので常備菜にしておくといい。わかめ、生姜、玉ねぎ、大根などを加えるとまた味が広がる。

ブドウ入りもずくの酢の物

もずくにフルーツを加え、生姜をアクセントにしたおしゃれな一品

材料

もずく(塩漬けまたは生)
…50g
大きいブドウ …6粒
生姜…少々

調味料

砂糖…小さじ1
醤油…小さじ1
酢…大さじ1
みりん…小さじ1
柑橘汁…小さじ1
柚の皮…1/4個分

作り方

1. 塩漬けもずくは塩抜きして洗い、生もずくは味を確認し、どちらの場合でも水をきって、食べやすいようにカットしておく。
2. 生姜は特別細く千切りにする。ブドウは皮むいて1/4にカットし、種を除く。
3. 調味料はすべて混ぜ合わせておく。
4. 3にもずく、ぶどう、生姜を混ぜる。

Memo
市販の味つけもずくしか手に入らないときは、その中にブドウと生姜の千切りを入れても近い味になる。ブドウがないときは、キウイやパインでもOK。長芋の千切りもよくあう。

豆腐の味噌漬け

豆腐と味噌は大豆がベースで相性ぴったり、和風チーズのような珍味に

材料

もめん豆腐…1丁

調味料

味噌…30g
白味噌…20g
みりん…大さじ2
あれば顆粒昆布だし
…少々

準備するもの

キッチンペーパー
ガーゼ

作り方

1. かための木綿豆腐を選ぶ。漬けやすい大きさに切って、鍋に豆腐と水を入れて火にかけ、ひとつまみの塩を入れる。ぐらぐらっとなったら火を止めて、中心まで熱が通ったら引き上げる。キッチンペーパーで包み、その上から布巾で包んで冷蔵庫で一晩おく。
2. 味噌2種とみりん、顆粒昆布だしを加えて柔らかくして甘めの味噌を作り保存容器に入れる。
3. 豆腐をガーゼに包み、2の味噌の中に漬け込む。
4. 最低一晩はつけ、つかっている外側からカットする。4日目くらいまで美味しくいただける。

Memo
味噌と豆腐の境目がわからなくなるため、ガーゼは必ず使う。

小イワシの酢漬け

酸っぱさ控えめ、すっきりした味わい

材料

イワシ…8尾
生姜…梅干し大
だし昆布…4×8cm

調味料

米酢…1/2cup
みりん…大さじ2

作り方

1. イワシの頭の直ぐ後ろ、背中側から包丁を半分ほど入れて、頭をゆっくりと除くと、ワタがついてくる。
2. ワタがあった腹の方は小骨が多いので、斜めにそいできれいに洗う。
3. 親指の爪を利用して、手開きにし、中骨を除き濃いめの塩水につける。
4. 30分ほどしたら、クッキングペーパーで塩水をふき取る。
5. 生姜は盛りつけのときに添える分は針のように細い千切りにし、残りは普通の千切りにしておく。
6. 平らなバットに、だし昆布と米酢、みりん、生姜を入れて、イワシを漬け込む。30分ほどで完成。

Memo
翌日くらいが塩分の加減がよくて美味しい。酢に漬けておけば3日くらいもつので、手まり寿司の具にしてもよい。

手まり寿司

持ち運びが便利で手につかずに食べられるラップ寿司

材料

米…3合
錦糸卵、椎茸の旨煮、
鮭そぼろ、エンドウ豆

調味料

〈寿司酢〉
酢…50cc
砂糖…20g
塩…6g

準備するもの

ラップ

作り方

1. 寿司飯を作って、ゴルフボールより小さめに丸めておく。
2. エンドウ豆は茹でる。鮭そぼろは塩鮭を焼いて細かくほぐす。椎茸の旨煮（作り方52ページ★参照）は細かく刻み、錦糸卵を作る。
3. ラップを広げ、中心に来るものから並べていく。でき上がりの色合いや味のバランスを考え、いろいろな取り合わせを楽しむ。
4. 具の上に丸めたご飯をのせて、ラップでしっかり包む。
5. ラップに包んだまま盛り付ける。

スイカの皮の酢の物

捨てるはずのスイカの白いところを有効活用

材料

スイカの白いところ
…1/4個分
（外側のかたい皮はむく）
生姜…10g

調味料

塩…大さじ1/2
酢…大さじ2
砂糖…大さじ1

作り方

1. スイカの白いところを3cmの短冊に切り、塩をする。
2. 10分くらいで水が出てきたらしっかり絞る。味を見て塩辛いときは水で洗って絞りなおす。
3. 生姜は千切りにする。
4. 酢と砂糖を混ぜて味を調え、生姜を入れ、2と和える。スイカの赤い果肉部分が入っているときは、砂糖を控える。

なす素麺

つるっとした食感、これナニ？

材料

なす…1本
吉野葛（片栗粉でも可）
…適量
オクラ…1本
（おろし生姜）

調味料

だし…300c
塩…小さじ1 ┐Ⓐ
薄口醤油…小さじ1 ┘

作り方

1. だしにⒶを入れ、煮立たせ味を整え、冷やしておく。
2. お湯を沸かしながら作業を進める。
3. なすは皮むき器で皮をむき、包丁またはスライサーで千切りにする。
4. なすの水分が多いときは水気をふき取り、吉野葛を少なめにはたく。
5. 湯が沸いたらなすを少しずつ入れ、透き通ったら網じゃくしですくって氷水に入れ、なす素麺を作る。
6. オクラは茹でて輪切りにする。
7. 椀になす素麺とオクラを飾り、冷えたつゆをはる。好みでおろし生姜をのせる。

Memo
夏は冷たいつゆ、冬は温かいつゆにしてもよい。たくさん作って、お惣菜として生姜醤油で食べても美味しい。

冷たいしじみ汁

夏バテした肝臓に癒しを注入！　しじみのすまし汁を冷たくして

材料

しじみ…1パック
昆布だし（または水）
…1.5cup
三つ葉

調味料

酒…大さじ1 ┐
塩…小さじ1/2 │
薄口醤油 │Ⓐ
…小さじ1/2 ┘
粉山椒…少々

作り方

1. しじみはざるに入れ、真水の入ったボールにつけて砂をはかせる。その後、貝と貝をこするようにしてよく洗う。
2. 鍋に貝とだしを入れて煮る。
3. 貝の口が開いたら、調味料Ⓐで味を調え火を止める。
4. 貝を容器に取り、汁はこして冷やしておく。
5. 器に貝を入れて冷たい汁を張り、三つ葉を飾り、粉山椒をふりかける。

Memo
洗ったしじみは、冷凍保存すると栄養と旨みがアップする。

鱧と素麺の冷たい汁

さっぱりした梅の風味が夏らしい冷たいお吸い物

材料

鱧…60g
素麺…1/2束
（あれば色つきのもの）
オクラ…1本
木の芽

調味料

だし…1.5cup
梅干し…1個
酒…小さじ2
醤油…少々

作り方

1. オクラを1.5cmの輪切りにして種を取り、その中に素麺をややゆるめに入れる（入れ過ぎるとオクラが破裂する）。素麺の真ん中にオクラがくるようにとめて茹でたら冷水に取り、オクラを半分にカットして、2束にする。
2. 鱧は3cmにカットし、湯引いて氷水に取り上げる。
3. だしに梅干しを入れて煮立て、酒と醤油で味を調え吸い物を作り冷やしておく。
4. 椀に、茹でた素麺と鱧を入れ、梅干しの果肉と木の芽をあしらい、冷たい汁を張る。

ジャガイモ団子のお吸い物

すりおろして団子にしたジャガイモは新食感

材料

ジャガイモ…1個
片栗粉…適量
菜の花…2本
（季節の青菜、
なんでもOK）

調味料

だし…1.5cup
酒…大さじ1
塩…小さじ1/4
薄口醤油
…小さじ1
（酒・塩・薄口醤油＝Ⓐ）

作り方

1. 菜の花を茹でて、椀にセットしておく。
2. 熱々の吸い物（だし＋調味料Ⓐ）も用意しておく。
3. 別鍋に熱湯を沸かしておく。
4. ジャガイモをおろし、水分を半分くらい絞り、小さめの梅干し大に丸めて、片栗粉をまぶして、熱湯で3分くらいしっかり茹でる。
5. 4を椀に入れ、吸い物を注ぐ。

Memo
すりおろして時間がたつと色が悪くなるので、茹でる直前におろす。お祝いのときは紅白にしてもいい。また、団子の中に具を入れると一層美味しくできあがる。

塩鮭と根菜の粕汁

栄養満点、体がほっこりと温まるひと品

材料

塩鮭…一切れ
大根または蕪…50g
里芋…50g
人参…30g
こんにゃく…30g
ごぼう…20g
青ねぎ…少々

調味料

だし…3cup
酒粕…30g
白味噌…80g

作り方

1. 米のとぎ汁に皮をむいた里芋と、洗ったごぼうをつけてアク抜きをする。
2. 大根、人参、里芋など食べやすい大きさに切りそろえる。
3. 塩鮭は骨を除いて一口大に切る。
4. 鍋にだしを入れ、ごぼう→こんにゃく→人参→大根→里芋→塩鮭と、かたいものから時間差をつけて煮ていく。途中アクが出るので取る。
5. 野菜が柔らかくなったら酒粕と白味噌を入れる。
6. 味噌と酒粕を入れたら味を見て火を止める。青ねぎを散らし、あれば柚子の皮などの香りを添えて出す。

Memo

酒粕と塩だけで調味する方法もあるが、家族用としては白味噌と酒粕が同量の袱紗（ふくさ）仕立てがよい（袱紗が正方形ということから同量ずつ入れることを袱紗仕立てという）。塩鮭が辛い場合は調味料で調整するか、あらかじめ薄い塩水で塩抜きしておく。

生姜ご飯

体を温めれば病気知らず。疲れたときの養生にも最適

材料

米…2合
京揚げ（油揚げ）
…1/2枚
生姜…50g
大葉またはもみ海苔

調味料

酒…大さじ1	Ⓐ
薄口醤油…大さじ1	Ⓐ

作り方

1. 洗った米を炊飯器に入れ、調味料Ⓐを入れてから炊飯器の目盛りより少なめの水を加える。
2. 京揚げは油抜きをしないで米のサイズくらいの細かいみじん切りにする。
3. 生姜も細かいみじん切りにする。好みで千切りでもよい。
4. 1に2･3を入れて炊く。
5. 炊きあがったらよく混ぜて、大葉の千切りやもみ海苔をトッピングする。

Memo
身体が温まるので、季節の変わり目など風邪をひく前に食べよう。

トウモロコシご飯

フレッシュなトウモロコシそのものの甘味を感じる

材料

米…2合
トウモロコシ…1/2~1本

調味料

塩…小さじ1
バター…15g
黒ごま塩…好みで

作り方

1. トウモロコシは汚れた皮を取り除いて、髭も皮もそのまま半分に切り、ラップに包んで電子レンジ(600w)で3分。冷めたら包丁でざっくり実を取る。
2. 炊飯器に米、塩、トウモロコシ、トウモロコシの芯を入れて炊飯器の目盛通りの水加減で炊く(芯からいいだしが出る)。
3. 炊きあがったらトウモロコシの芯を除き、バターを入れて蓋を閉める。5分むらしてからバターをよく混ぜて、黒ごま塩をふりかける。

茸たっぷりご飯

茸の香りと風味を楽しむご飯

材料

米…1合
もち米…0.5合
舞茸、しめじ茸、
エリンギ…各1パック
生椎茸…3〜4枚
昆布…5cm
すだち…1個

調味料

薄口醤油…大さじ1
塩…小さじ1/2
ごま油…小さじ1

作り方

1. もち米は少し早めに洗って水につけておく。
2. 茸は、食べやすい大きさにカットしたり、ほぐしたりして、半日ほど日なたに干して使うと、味が凝縮し栄養価も高くなる。時間がないときは、少々酒をふってオーブントースターで軽く焼く。焼いたものに醤油少々をかける。
3. 米、昆布、調味料をすべて入れて、炊飯器の目盛りより少なめの水で炊き、炊きあがる5分前に茸を入れる。
4. 好みですだちを添えていただく。

ねばとろご飯

薄紫色のご飯に緑のとろろでスタミナ抜群

材料

米…1.5合
黒米…大さじ1
オクラ…2本
モロヘイヤ…1/2束
大和芋（または自然薯）…20g
刻み海苔…適量

調味料

だし…適量
薄口醤油…適量
わさび

作り方

1. ねばとろの食材は生でもいいが、青臭さが苦手な人は、モロヘイヤは茹でて水気をよく絞っておく。オクラは塩茹でにしてからヘタをおとす。
2. 1と大和芋、だし、調味料をフードプロセッサーにかける（だしや醤油の分量は好みで調整する）。
3. 米は塩を少々加えて炊飯器の目盛り通りの水加減で炊く。黒米の代わりに押し麦1/3cupを入れてもよい。
4. ご飯に2をかけて、刻み海苔をトッピングする。好みでわさびを添えてもよい。

アドバイス2

料理にもアクセサリーを！

世界中の料理の盛り付けやテーブルコーディネートには長い歴史と伝統があります。日本料理のしつらえや盛り付けもルールがあって、大切に守られてきました。それが伝統であり文化です。でも、一般家庭の食卓には不似合いだったり、もったいなかったり、手の届かないものが多いです。

でも、ちょっとしたお祝いの膳や、友人を招いたときには、ちょっぴり遊んでみたくなりませんか。お花でもいいし、おしゃれな食器でもいい、箸置きでも、箸袋でも、ワンポイントのアクセサリーのように、料理で遊んでみませんか。

たとえば、レモンや柚子の果肉をくりぬいて、器のようにして使うとそれだけで可愛いし、なにより柑橘の風味がいいですね。漬物もただ刻むのではなくて、ちょっと工夫した飾り切りをすると美味しさまでアップするようです。そして、きゅうりを飾り切りにしてイクラを盛ったり、柚子に明太子を入れてスイカらしく仕立てたり。

こうなると、食卓で待つ客人や家族の歓声が想像できて、わくわくしてきます。そして、料理が楽しく、また友を招きたくなるのです。

イクラの帆掛け船

柚子と明太子のミニスイカ

Column.2

猫の手も……いや、殿の手も借りたい！

私が嫁いだ家には、大正生まれの義母、明治生まれのその姉・義伯母、筋金入りの「鹿児島女性」2人がおり、夫、娘2人、息子1人の7人家族。共働きなので、勤務中の子守（孫守）は手伝ってくれましたが、それ以外は私が家事担当。でも買い物は義伯母がだいぶ助けてくれました。

私の週末は一週間分の料理や食材の下ごしらえで、キッチンはまるで惣菜屋のようです。三世代なので年齢も好みも違い、料理の内容も幅広い。定番品はもちろんのこと、たまには珍しいものをと数えてみると15品は超えていました。これでも、週の半ば水曜日くらいには補充が必要になります。

そういう戦場のような週末のキッチンは、猫の手も借りたい状況なのに、夫は新聞を広げてTVを見ています。手伝いを頼みやすい娘は、お稽古やガールスカウトで家にいないことも多い。

恥ずかしくも、尊敬する佐藤初女さんの教えには沿えないのが、ひとつのことに集中していられない忙しさが体中に染みついていること。私はいわゆる「ながら族」専門です。子どもの勉強を見ながら、洗濯機を回しながら、泣く子をあやしながらと、一人何役もこなしているつもりでした。

ある日、他の料理を仕込みながら、夕食の餃子を包んでいました。大家族ですから毎回100個くらい包みます。そこに小学校高学年になった息子が「僕にもやらせて」と。〝飛んで火に入る夏の虫〟です。「まあ優しい！」と褒めて包み方を教えました。「男子厨房に入るべからず」という古い言葉が生きているわが家。でも楽しそうに包んでいると、夫も仲間に入ってきました。息子は上手にヒダをとって餃子の形に包みますが、夫は元々あまり器用でなく、半分に折った半月型。

わが家の「殿」や「若殿」やらに料理を手伝わせる鬼嫁とばかりに、義母たちはそばを通りながら「まあ、あきれた！」とつぶやいて不機嫌そのもの。大切な息子と、かわいい孫が嫁に使われている、許せない！という感じです。おそるおそる顔色をうかがいながら、でも、私から頼んだのではないし……と開き直りました。

その日の食卓で、私は精一杯夫と息子に感謝して、夫の包んだものだけを義母たちの皿にのせ、「健二さんの作品ですから美味しいですよ」とひと言添えました。ヒダのない見かけの悪い餃子をアピールするため、「これは火が通りやすくて」と褒め言葉も添えました。だんだんご機嫌もなおり、「さすが、健二さんのは美味しい」と褒めてくれました。「しめた！来週から男子をアテにできる！」と。こうやって大切な殿と若殿のレパートリーを着々と増やしていったのは、ご想像どおりです。

食べてくれる人がいることに感謝！

7人家族のために毎日料理をすることは、とってもハードでした。会社のお昼休みにメニューを考えたり、食材を仕入れたり、頭の中は料理のことでいっぱい。料理はさほどキライではなかったはずですが、毎日のことになると、頭の中が「大変モード」になってくるのです。作っても作ってもすぐなくなるし、食べ盛りの子どもたち、健康に気を配る義母たち、酒のつまみがいろいろ欲しい夫と、ニーズも多面的。

土・日曜日になると惣菜屋のように大量に作るので、洗う野菜も、刻む野菜もその量は半端でなく、キッチンに立つこと数時間。足はむくんで、腰や肩は凝ってきます。休日が全く休養にならず疲れ果てていました。

これはマズイ！と心機一転。そこで「料理は楽しいもの、私の趣味」と、決めました。珍しい食材を買ってきて試作しよう、多少高くても良いお野菜を捨てるところなく料理してみよう、魚はなるべく一尾買いしてアラも骨も食べてしまおう、お茶の葉の出し殻も、蕗の葉も、スイカの皮も手を加えると美味しいと、ゴミ減量にも努力しました。前向きにお料理に取り組むと、なぜか足もむくまず、肩こりもしなくてルンルンなんです。不思議です。好きなことをしているときは疲れない！……コレです。

私が楽しそうに料理をしていると、家族にも感染するもので、息子はテスト前の夜食は自分で作るようになりました。インスタントラーメンだと思っていたらトッピングがなんとも豪華で栄養たっぷり。娘たちも友人のお誕生日プレゼントはクッキーを自分で焼いたりしていました。私も少し料理に自信がついてきて、友人やお客様を招くのが楽しみになっていきました。

買い物は、なるべく量の多いものを選び、日持ちする食材は安いときに買いだめ。牛乳は一度に10リットルも買うので、「何に使うんですか？」と聞かれました。自転車ではこいで上がれない坂道を、15～20キロの荷物を積んだ自転車を押して上がっていました。お料理が好きだし、何よりも若かった。

そして、年相応に義母たちが他界し、子どもたちが片付いていくと、どんどん料理の量が減っていきました。夫との二人暮らしも思いがけず短く、いまは独り。自分のためだけになると料理の作り甲斐がなくなってしまいました。

そんなときに佐藤初女さんから「夢を叶えるイスキア」の称号をいただき、また「食」の大切さを伝えるお役目がやってきました。わが家で開くセミナーやお話会、ミニコンサートなど、折にふれ料理をセットにして、楽しんでいただく。食べてくださる方がいらっしゃることは私の元気の素であり、励みです。料理やみなさんに感謝でいっぱいです。

中華

手羽先の宝袋

中身は食べてからのお楽しみ。余ったおかずも使えて一石二鳥

材料	調味料	
手羽先…4本	だし…1cup	Ⓐ
干し椎茸…1枚	みりん…大さじ1	Ⓐ
人参…10g	砂糖（好みで）…小さじ1	Ⓐ
かぼちゃ…10g	醤油…大さじ1	Ⓐ
三度豆…1本	ごま油…適量	

作り方

1. 手羽先は身をめくるようにして、骨についているスジを包丁で切り離し骨2本の間の筋も切り（写真❶）、手羽先の中央の関節を前後に折り曲げて（写真❷）、中の2本の骨を抜く（写真❸）。
2. 干し椎茸は、戻してあらかじめ甘辛く煮ておく。（作り方52ページ★参照）
3. 人参・かぼちゃ・三度豆はかためにに茹でて、2の椎茸とあわせて、手羽先に入る大きさに切りそろえる。その野菜をすべて手羽先の中に入れ（写真❹）、口を爪楊枝で止めておく。
4. Ⓐを煮立て、手羽先を入れて、キッチンペーパーで落としぶたをして、中火で煮込む。焦げないように注意して、汁がなくなるまで煮切る。仕上げにごま油を入れつやと香りを出す。

Memo
中に詰めるものの量が多いと、パンクしやすいので注意。中に詰める具材を、ポテトサラダ、チャーハン、おからサラダ（p72）にして、塩・胡椒をして片栗粉をまぶして揚げてもよい。

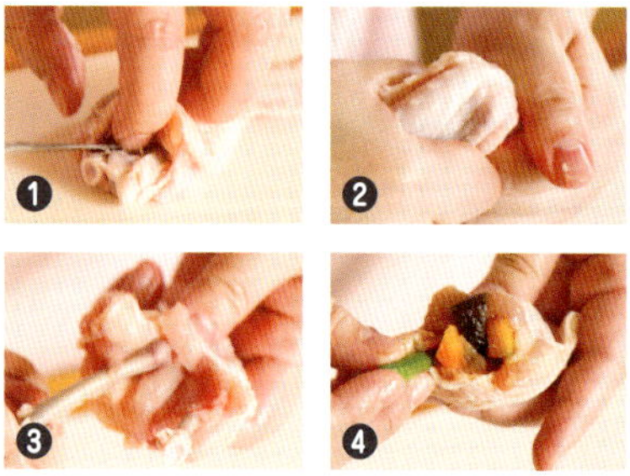

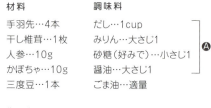

手作りシュウマイ

バリエーションを楽しむ簡単料理

材料

シュウマイの皮…1袋
豚ひき肉…300g
玉ねぎ…1/2〜1個
生姜みじん切り…大さじ1
片栗粉…大さじ3強
（グリーンピース 適量）

調味料

塩…小さじ2/3
胡椒…少々
酒…大さじ1
醤油…小さじ1
（以上Ⓐ）
ごま油…大さじ1
洋がらし＋醤油

準備するもの

蒸し器（せいろ）

作り方

1. 玉ねぎをみじん切りにする。
2. ボールに豚ひき肉、生姜のみじん切り、調味料Ⓐを入れて、粘りが出るまでよく混ぜる。ひき肉を掴んでボールに打ちつけるようにしてもよい。
3. 肉を片側に寄せておき、空いたところに玉ねぎと片栗粉を入れ、ぱらぱらになるように混ぜる。
4. 3に香りづけのごま油を加えて、すべてを混ぜる。
5. 4の具をシュウマイの皮で包む。
6. グリーンピースを飾るときは、グリーンピースに片栗粉をまぶして、埋めるようにのせる。
7. クッキングシートを敷いた蒸し器で7分〜10分（大きさによる）蒸し、好みでからしと醤油で食べる。

Memo
団子を作って細切りした皮を上からかけたり、ウズラ卵を入れて閉じ口を下にして蒸したり、バリエーションを楽しめる。

鶏とパインの甘酢かけ

パイナップルの甘酸っぱさが濃厚な鶏肉に調和する

材料（作りやすい量）

パイナップル…1/2個
鶏もも肉…1枚
パセリ…少々
サラダ油

調味料

〈鶏肉の下味〉

Ⓐ
- 酒…大さじ1
- 醤油…大さじ1
- 胡椒…少々
- 葱姜水（チョンジャンスイ）…少々

片栗粉…大さじ1
小麦粉…大さじ1

〈タレ〉

Ⓐ
- 酒…大さじ1
- 醤油…大さじ1/2
- 砂糖…大さじ2
- 葱姜水…大さじ5
- 酢…大さじ1
- ケチャップ…大さじ1

片栗粉…大さじ1
ごま油…小さじ1

作り方

1. パイナップルの天と地をカットして皮をむき、縦4等分し、芯を除き塩水にくぐらせ甘味を出す。
2. 調味料〈鶏肉の下味〉Ⓐをすべて混ぜ合わせておく。
3. 鶏肉は身の厚みが平均になるように切り開き、皮の方に金串を何回か刺して下味調味料が入りやすいようにし、2に10分以上ひたしておく。
4. 鶏肉のつけ汁をふき、小麦粉と片栗粉を混ぜたものをつけ、油を熱したフライパンで両面を焼く。少し多目の油で焼き揚げてもいい。
5. タレの調味料Ⓐを煮立て、水溶き片栗粉でとろみをつけて、ごま油で風味をつける。
6. 鶏肉が冷めたら縦半分にカットし、1cmの厚みにスライスする。パイナップルも同様にスライスする。鶏肉は熱いうちに切ると衣や皮がはがれるので注意！
7. 鶏肉とパイナップルを交互にならべ、パイナップルの形のように盛りつけ上からタレをかける。

★葱姜水の作り方
葱のハシや生姜の皮を水の中で揉んだもの。中華料理で風味を添えるために使う。

エビ団子のクルトン揚げ

食パンの香ばしさと食感が楽しい

材料

エビ…150g
豚ひき肉…50g
長芋…50g
卵…1個
サンドイッチ用
食パン…2/3斤
片栗粉…大さじ6
揚げ油

調味料

酒…大さじ1
胡椒…少々
葱姜水（作り方96ページ★印参照）…大さじ2

作り方

1. 長芋をみじん切りにし、全体に片栗粉をまぶす。
2. エビをすり身状になるまで包丁でたたいて、豚ひき肉と調味料を入れ、粘りがでるまで混ぜて、卵白を加える。
3. 1と2を混ぜ合わせる。
4. 食パンを蒸しタオルで押さえながら、5mm角にカットし、片栗粉をまぶしておく。
5. エビのすり身を梅干し大に丸めて、卵黄と片栗粉を混ぜて糊状にしたものをくぐらせて、4の食パンを衣につける。
6. 130℃くらいの低温から揚げ始め、最後に高温（180℃）にしてカラリと揚げる。

お揚げ餃子風

油揚げの中に具を詰めてフライパンで焼くだけの簡単メニュー

材料

油揚げ…2枚
片栗粉…適量
豚ひき肉…150g
ニラ（みじん切り）…30g
玉ねぎ（みじん切り）…30g
にんにく（おろす）…少々
片栗粉…小さじ2

調味料

醤油…小さじ2 砂糖…小さじ1/2 ごま油…小さじ1	Ⓐ
水…150cc ごま油…小さじ2	Ⓑ

作り方

1. 油揚げは長い片を片側だけ切り袋状にし、内側に薄く片栗粉をまぶしておく。
2. ボールに豚ひき肉とにんにくと調味料Ⓐを加えて粘りが出るまで混ぜる。粘りが出たら、野菜を混ぜる。
3. 油揚げにひき肉を詰めて、平らにする。
4. フライパンに油を入れず、油揚げを並べて調味料Ⓑの水を入れ、強火で汁がなくなるまで、蓋をして焦がさないように蒸し煮にする。
5. 水分がなくなったら、ごま油を回しかけ両面をこんがりと焼き上げる。
6. 4～6等分に切って盛りつける。好みでギョーザのタレをつけていただく。

大根と豚肉の醤油煮

飴色に煮込んだ大根が豚肉とベストマッチ

材料（多めの量）

大根…700g
豚肉…200g
生姜…10g
鶏ガラスープ…4cup
青ねぎ…適量
サラダ油…大さじ1.5

調味料

醤油…大さじ4〜5 ┐
砂糖…大さじ2 │Ⓐ
酒…大さじ1 ┘
ごま油…少々

作り方

1. 大根は皮のまま大きめの乱切りにする。春以降は大根の皮がかたくなるので厚めにむいて使う。
2. 生姜は千切り、豚肉は一口大にカット。
3. 中華鍋を熱し、油を入れて、生姜を炒める。
4. 生姜の香りが油に移ったら、豚肉を加え炒める。
5. 大根を加えて炒め、まわりが透き通ってきたら、鶏ガラスープと調味料Ⓐを加えて落としぶたをして煮込む。時々、アクを取る。
6. 煮汁が少なくなったら、強火にして煮汁を飛ばし、ごま油をかけて仕上げ、青ねぎを散らす。

カニと卵白の炒め物

カニとエビがたっぷり、ふんわり卵白の口当たりがいい

材料

カニ身…100g
エビ…100g
卵白…3個分
グリーンピース
（または枝豆）…50cc
生姜みじん切り…少々
サラダ油…大さじ3

調味料

塩…少々	Ⓐ
生クリーム…大さじ1	
水…大さじ2	
酒…大さじ1	
片栗粉…大さじ1	
胡椒…少々	

作り方

1. エビは背わたを取って殻をむき、片栗粉と塩（分量外）でよくもみ洗いし、水気をきっておく。
2. ボールに塩・胡椒・酒を少々入れよく混ぜ、卵白＜大さじ1＞を加え、泡が立つほどよく混ぜて、片栗粉とサラダ油＜各大さじ1＞も混ぜておく。
3. 残りの卵白を泡立て（五分だて）る。
4. 調味料Ⓐをすべて合わせておく。
5. 鍋に油を入れ、低温でエビを炒め、7分どおり火が通ったら皿にあげておく。
6. 鍋にサラダ油＜大さじ2＞を入れて、生姜、カニ身、グリーンピースを加えて炒め、火を弱めてから3と4を混ぜて流し入れ、エビを入れてふんわり仕上げる。

エビとカシューナッツのレタス包み

エビとナッツの風味を楽しむおしゃれな料理

材料

エビ…200g
干し椎茸…2枚
生カシューナッツ…50cc
パプリカ2色…各1/2個
スナップエンドウ…10個
春雨…適量（50g）
ねぎ・生姜…少々
レタス…適量
揚げ油

調味料

Ⓐ
豆板醤・醤油…各小さじ1
ケチャップ…60cc
塩…少々
酒・砂糖…大さじ1

片栗粉…大さじ1
酢…小さじ1
ごま油…小さじ2

作り方

1. エビは背わたを除き、殻をむいて片栗粉（分量外）でもみ洗いし、水で流して水気をきり、1cm幅に切る。
2. 干し椎茸は戻して7mmの角切り。野菜も同じ大きさにカット。ねぎ・生姜はみじん切り。レタスは1枚ずつはがして、よく洗い水気をきる。
3. 油を低温（120℃）に温め、カシューナッツをゆっくり揚げる。塩味のついたものは短時間で揚げる。揚がったら包丁で2～4等分に切る。
4. 油の温度を少し上げて春雨を揚げ途中で裏返す。色がつかないように揚げて、細かく割って皿に盛りつけておく。
5. 鍋に油少々を入れて熱し、生姜・ねぎ・椎茸を炒めて香りをだし、Ⓐを混ぜて加える。エビ、スナップエンドウ、パプリカを入れ、エビに火が通ったらカシューナッツを加え、水溶き片栗粉でまとめ、酢とごま油で仕上げる。
6. 春雨と混ぜながら、レタスに包んでいただく。

カキの甘酢仕立て

カキの苦手な人も甘酢の味が食べやすい

材料

生カキ…500g
小麦粉…適量
玉ねぎ、パプリカ（または人参）、ピーマン…適量
白ねぎ…1本
鷹の爪…1本
花椒（ホアジャオ）…小さじ1
揚げ油

調味料

酢…1/2cup ┐
砂糖…1/4cup │Ⓐ
醤油…大さじ1.5 ┘
ごま油…大さじ2

作り方

1. カキを塩と片栗粉で揉み洗いしてから水で洗い流し、水気をきって塩、胡椒、酒少々で下味をつけておく（約10分）。
2. 玉ねぎ、ピーマン、パプリカは千切りにして冷水にさらし、水気をきる。白ねぎは白髪ねぎにする。
3. 調味料Ⓐをすべて混ぜ合わせておく。
4. カキの水気をふいて小麦粉をふり、フライパンに少し多めの油を熱し、強火で3～4分炒め揚げする。揚げたらすぐ3につける。
5. 鍋にごま油を入れて花椒と鷹の爪を加えて熱し、黒くなったら4に熱い油だけ加える。（網じゃくしか茶こしを利用）
6. 2の生野菜を皿に敷き、カキを並べて5の汁をかけ、白髪ねぎをトッピングする。

★花椒（ホアジャオ）
中国の山椒で、ピリッとした辛みとさわやかな香りがある。

椎茸と厚揚げ煮込み

椎茸の旨みが厚揚げにしっかり移って美味

材料（多めの量）

干し椎茸…4枚
厚揚げ…1パック
枝豆またはグリーンピース
…大さじ1
飾り用レモン…1/2個

調味料

椎茸の戻し汁＋鶏がらスープ
…1cup
砂糖…大さじ1/2
酒…大さじ1/2
みりん…大さじ1/2
醤油…大さじ1/2
🅐
ごま油…大さじ1

作り方

1. 干し椎茸は水で戻し、石づきは除き、大きいものは適当な大きさに切る。
2. 厚揚げは食べやすい大きさに切る。
3. 椎茸の戻し汁と鶏がらスープで合計1cup準備して鍋に入れ、1と🅐を加えて煮込む。
4. 煮汁が半分くらいになったら、厚揚げを加え、更に煮込み、煮汁が少なくなってきたら枝豆またはグリーンピースを入れてさっと煮て、ごま油を加えて仕上げる。
5. つやを出すためにうちわなどで冷まし、輪切りのレモンを敷いた皿に盛りつける。

アボカドの簡単春巻2種

下ごしらえは火いらず、手軽であっさり春巻

材料

アボカド…1個
レモン汁…1/2個分
生ハム…4枚
茹でたエビまたはカニカマ…4尾
春巻きの皮…2枚
小麦粉…大さじ1 ┐
水…小さじ1 ┘ のり
揚げ油

調味料

マヨネーズ…大さじ2
洋がらし…小さじ1

作り方

1. アボカドは縦にぐるりと包丁を入れて、両方をねじるようにして開き、種に包丁を刺し、回しながら取る。皮をむき縦に8等分にカットする。色止めにレモン汁をかける。
2. 春巻きの皮は、対角線に切って（三角形を2枚）、合計4枚にする。
3. 生ハムは半分に切って、マヨネーズと洋がらしを混ぜたものを塗る。
4. アボカドを生ハムで巻き、春巻きの皮で包み、のりでとめる。
5. 茹でたエビまたはカニカマをアボカドと並べて置き、その上にマヨネーズと洋がらしを塗って春巻きの皮に包み、のりでしっかり閉じておく。
6. 高温でさっと揚げる。味が付いているのでこのままいただく。

もやしナムルの信田巻き

リーズナブルなもやしが主役の料理

材料

太もやし…1袋
人参、三度豆…少々
薄揚げ…2枚
小麦粉…大さじ2
水…小さじ2
のり

調味料

塩…小さじ1/2
ごま油…小さじ2

作り方

1. もやしのヒゲ根や種豆を除き、かために茹でてざるに上げ、塩とごま油をまぶし水気をきる。（ナムル）
2. 人参は三度豆と同じぐらいの太さに切って、薄揚げの横の長さに切り、4本用意して三度豆と共に塩茹でする。
3. 薄揚げは正方形になるように3辺をカットして、広げる。
4. 広げた薄揚げに巻き寿司の寿司飯のようにもやしを広げ、三度豆と人参を芯にして手前から巻く。薄揚げの切れ端は刻んで中に入れる。のりを3cmくらいしっかりと塗って閉じ、熱したフライパンに閉じ口を下におき、ゆっくり転がすように全体を焼く。
5. 8等分か6等分に切って盛りつけ、そのまま、あるいはポン酢や食べるラー油など、好みのタレでいただく。

三度豆の干しエビソース

三度豆の風味を干しエビが引きたてる

材料

三度豆…300g
レモン…1個
干しエビ
…みじん切り大さじ1
搾菜（ザーサイ）
…みじん切り大さじ1
生姜
…みじん切り小さじ1
揚げ油

調味料

塩小さじ…1/2

〈つけ汁〉

薄口醤油…大さじ1
酒大さじ…1/2
胡椒…少々
ごま油…少々

作り方

1. 干しエビはぬるま湯で戻してみじん切り、ザーサイ、生姜もみじん切りする。
2. 洗って筋を取り、水気をきった三度豆は高音（180℃）で素揚げする。七分通り揚げ、余熱で中まで火を通し、ざるに上げて、塩をまぶしておく。
3. 鍋に、油＜大さじ1＞を入れて干しエビを炒め、香りをよく出し、水分が飛んだらザーサイと生姜を入れて、香りがでるまで炒める。
4. 鍋を火から下ろし、つけ汁の調味料を入れる。少し火にかけてボールにあけて冷ます。三度豆が冷めたらつけ汁と混ぜ合わせ、冷やしておく。
5. レモンを薄くスライスして皿に飾り、中央に三度豆を盛りつける。

ブロッコリーの変わりソース

ソースを変えるだけで、ブロッコリーが主役に

材料

ブロッコリー…1株
にんにくみじん切り
…大さじ1
ハムみじん切り
…大さじ3
トマト…1個
サラダ油…大さじ1
ごま油…大さじ1

調味料

オイスターソース
…大さじ1〜2
醤油…大さじ1
砂糖…大さじ1/2

作り方

1. ブロッコリーは小房に分けて、茎は皮をむいてスライスにしておく。
2. 熱湯を沸かし、塩少々とサラダ油＜小さじ1＞を加えてブロッコリーをかために茹で、水気をよくきる。茎とトマトを並べ、房は中心に盛る。
3. 鍋にサラダ油とごま油、にんにくを入れて低音でじっくり炒めて香りを出し、にんにくに色がつき始めたら火を止める。
4. 3に調味料とハムを混ぜてソースを作り、ブロッコリーにかけていただく。

白キクラゲと海鮮のサラダ

見た目もさわやかなさっぱりサラダ

材料

白キクラゲ（乾燥）…1/2cup
エビ（またはイカ、貝柱）
…100g
アスパラガス…1束
パプリカ…1/2個

調味料

〈エビ下味〉
塩·胡椒…少々
酒…小さじ1

〈ドレッシング〉
塩…小さじ1/3
酒…小さじ1
胡椒…少々
マヨネーズ…大さじ3
砂糖…小さじ1/3
麻油…小さじ1/3

作り方

1. アスパラは根元のかたいところは切り落とし、下半分は皮をむく。
2. エビは背わたを取り殻をむいて、片栗粉でもみ洗いし、水で流して、水気をきり、調味料〈エビ下味〉と混ぜ合わせておく。
3. パプリカは一口大に切る。
4. 白キクラゲは水で戻し、石づきを除き一口大の房に分けておく。沸騰したたっぷりのお湯に塩を少々加えて4分くらい茹でる。
5. 4の中にエビ、パプリカ、アスパラを加え、再び沸騰したらすべて引き上げ、冷水で冷やして水気をきる。
6. 5と調味料〈ドレッシング〉を混ぜ合わせて、あれば皿にトマトを飾り、盛りつける。

春雨サラダ

さっぱりとしたエスニック風の一品

材料

春雨…30g
ハム（エビまたは
カニカマでも可）…適量
きゅうり…1/2本
卵…1個
干し椎茸…2枚

調味料

スイートチリ…大さじ1
（ないときはごま油
またはラー油）
薄口醤油…大さじ1
みりん…大さじ1
酢…大さじ2

作り方

1. 春雨は熱湯に入れて透き通るまで茹で、自然に冷まし、食べやすい長さにカットする。
2. エビは背ワタを取り除いて殻ごと茹でて、自然に冷まし、殻をむいて背中から半分にスライスし、細長く切る。ハムは千切り、カニカマはほぐす。
3. きゅうりは千切りにする。
4. 卵は塩と砂糖少々を混ぜて、薄焼きにして千切りにする。
5. 干し椎茸は甘辛く煮つけ（作り方52ページ★参照）、千切りにする。
6. 調味料をすべて混ぜ、味を調える。少々濃いめの味つけでちょうどよい。春雨と具をすべて加えて混ぜる。

Memo
冷蔵庫に入れると春雨の食感が変わるので、春雨は食べる直前に茹でる。

キャベツの甘酢炒め

余ったキャベツでごちそうの一品

材料

キャベツ…10枚
鷹の爪…1本
サラダ油…大さじ2

調味料

砂糖…大さじ1	Ⓐ
醤油…大さじ1	Ⓐ
酒…大さじ1	Ⓐ
酢…小さじ1	Ⓐ
片栗粉…大さじ1	Ⓐ
水…大さじ2	Ⓐ

ごま油…大さじ1

作り方

1. キャベツはきれいに洗って、3〜5cm角くらいに切っておく。
2. 鷹の爪は縦半分に切って種を取る。
3. 鍋にサラダ油＜大さじ1＞を入れて、鷹の爪を加えて熱し、鷹の爪が黒くなったらキャベツを入れて炒める。
4. 塩＜小さじ1＞と水＜50cc＞を入れて蓋を閉め、1分ほどで混ぜ返し、30秒ほどたったらざるに上げて水分を落とす。
5. 鍋にサラダ油＜大さじ1＞を入れ、キャベツを戻し調味料Ⓐを入れて全体を混ぜたら火を止めて、ごま油で仕上げる。

紅炒飯《くれないちゃーはん》

紅生姜だけのシンプルなチャーハンがイケてる

材料

ご飯…2cup
にんにく…1片
紅生姜（みじん切り）…大さじ2

調味料

酒…大さじ1
塩·胡椒

作り方

1. 紅生姜はあらかじめ水で洗って、色を少し落として水気をきり、みじん切りにしておく。にんにくもみじん切りにする。
2. 鍋に油を熱し、にんにくを焦がさないように炒め、ご飯を入れてよく炒める。
3. ご飯がパラパラになったら塩·胡椒少々で味つけをする。
4. 1をご飯に混ぜてもう一度よく炒め、酒を回し入れ香りを立てる。
5. トッピングにねぎの小口切りを飾ってもよい。

長芋の中華スープ

長芋を千切りにして入れるだけの超簡単スープ

材料

長芋…50g
三つ葉または
青ねぎ…少々

調味料

鶏ガラスープ…2cup
塩·胡椒…少々
ごま油…小さじ1

作り方

1. 鶏ガラスープの素でスープを作り、生姜の皮やねぎのクズなどを入れ煮立て、風味を出し、野菜くずを除いて塩·胡椒で味を調える。
2. 長芋の皮をむき、千切りのスライサーで鍋の上からすり入れ、火を止め、ごま油で風味をつける。
3. 三つ葉または青ねぎをアクセントに浮かべる。

きゅうりのピリ辛甘酢漬け

手軽にできる便利な常備菜

材料

きゅうり…3本
鷹の爪…1/2〜1本
花椒（ホアジャオ）…5〜6粒
（103ページ★参照）
生姜…1片
サラダ油…大さじ1

調味料

塩…小さじ1

〈つけ汁調味料〉

砂糖…大さじ2
酢…大さじ1.5
醤油…小さじ2
塩…少々
ごま油…少々

作り方

1. きゅうりは縦4等分に切り、水っぽくならないように種の部分をそぎ切りし、長さを4等分に切り、塩をふっておく。生姜は千切りにする。
2. ボールに生姜の千切りとつけ汁調味料を混ぜ合わせておく。
3. きゅうりの塩気を洗い流して、水分をふき取る。
4. サラダ油を熱し、鷹の爪を縦半分に切って種を除き、花椒と加え、黒くなったら取り出す。
5. 4の油できゅうりを炒め、中華鍋をあおり、皮の色が少し透き通ったら、2に入れ、冷めてからいただく。

Memo
時間をおくと色は変わるが、4〜5日は持つ。

白菜の中華漬物

ピリ辛がクセになる、白菜の漬物も中華に変身

材料

白菜…10枚
生姜…1片（大きめ）
鷹の爪…1本
サラダ油…大さじ1

調味料

塩…大さじ2
砂糖…大さじ3
酢…大さじ3
花椒（ホアジャオ）6〜8粒
（103ページ★参照）
ごま油…大さじ1/2

作り方

1. 白菜は長さを2〜3等分し、7mm幅の棒切りにする。
2. ボールに白菜を入れて、塩をふって重石をのせ、水が上がるまで1〜2時間置く（重石をしないと塩辛くなる、重石があれば一晩でもよい）。
3. 砂糖と酢を合わせて砂糖を溶かし、ごま油を加え甘酢を作り、千切りにした生姜を加える。
4. サラダ油に種を除いた鷹の爪と花椒を加え熱し、香りが出てきたら熱いまま甘酢に入れる（網じゃくしで花椒をこす）。
5. 白菜をきつく絞って水気を取り甘酢に入れ、よく混ぜる。

Memo
保存容器に入れると、4〜5日は持つ。

いつも食卓に幸せサプライズを！

私は、料理をすることが大好きですが、実は食べることの方がもっと好きです。美味しいものを目の前にして、ダイエットなんて全く無理な発想です。美味しいものをいただいたときに、これを再現したい、ちょっとアレンジしたい、という願望は人より高いかも知れません。記憶力もさして自信がありませんから、帰宅したらすぐ実践します。

子育てを義母姉妹に頼んで会社勤めをしているとき、本当なら仕事が終わったら飛んで帰って家事をするべきですが、ときには私にもご褒美をと、終業以降の飲み会や食べ歩きには結構参加していました。義母たちには世の男性が家族に言うように、「お付き合いで」「仕事の延長で」「久々のお客様で」と嘘八百（笑）。

でも、いただいた料理は箸袋やメモに書きとめて、ノートに拙い絵で記録していました。そして、前夜外食した償いとして、翌朝には必ず何か一品、前夜に出会った新しい料理を再現して家族に提供していました。食材がないときは盛り付けのおもしろさを再現したり、別の材料で真似てみたり。実は自分のために試しているのですが、外食の機会のない義母たちの大歓迎を受けました。

「昨夜、こんな珍しい料理が出ました！」「昨夜の盛り付け、こんな風に涼しげで勉強になりました」外から得た新しい情報を家族にも共有してもらう。イイ嫁ぶりで、帰宅が遅いのを少しでも挽回していたような日々でした。

今、そんな気遣いが必要ない家庭環境になっても、家族や来客の食卓にサプライズを届けようという意識は持続しているようです。

ちょっと手間がかかっても、そのひと手間で「キャー！何これ？」とか「初めてぇー、この食感！」、「いつの間に作ったんですかぁ」と言われると、もう嬉しくて、肩こりも立ち仕事の疲れもどこへやら、私の方が「やったー！」となるのです。

この喜びが料理作りにはたまりません。一度体験するときっと皆さんもやみつきになりますので、美味しい、幸せサプライズを是非お試しください。

スイーツ

ナッツたっぷりのココナッツ餅

簡単に作れるオリジナリティあふれるお菓子

材料

Ⓐ
- もち粉…2cup
- 砂糖…1cup
- ベーキングパウダー…小さじ1

Ⓑ
- 豆乳（牛乳）…1cup
- ココナッツミルク…1cup
- 卵…2個
- 溶かしバター…50g

トッピング

パンプキンシード、ココナッツロング、松の実、ケシの実、黒ごま、クルミ
※この中からあるもの2〜5品を彩りよく。
ただし、干しぶどうはNG。

準備するもの

18cm×18cm×5cmに近い焼き型
または深めの長方形のバット
（お菓子の缶の空いたものでもよい）
クッキングシート

作り方

1. オーブンを160℃に予熱しておく。
2. 焼き型にクッキングシートを敷く。
3. Ⓐ、Ⓑの材料をそれぞれよく混ぜ合わせ、ⒶをⒷにダマにならないように、少しずつ 混ぜていく。
4. よく混ざったら型に流し込む。好みでパンプキンシード、ケシの実、松の実、ココナッツロングなどを1列ずつトッピングする。
5. 160℃のオーブンで1時間焼き、冷めたら切り分ける。冷蔵庫で冷やすとかたくなるのでNG。

グレープフルーツのナッツ焼き

グレープフルーツを焼くと、とっても優しい味に

材料

グレープフルーツ…1個
アーモンドまたはカシューナッツ…大さじ2強

調味料

蜂蜜…大さじ2

作り方

1. グレープフルーツを半分に切り、果肉をくずさないように取り出して食べやすくカットし、皮の器に戻す。
2. ナッツをスライスまたは半分にカットして、グレープフルーツの上にのせる。
3. 上から蜂蜜大さじ1ずつかけて、200℃のオーブンで7分くらい焼く。ナッツが香ばしくなったらでき上がり。

いちじくのワイン漬け

いちじくをひと手間かけておしゃれなスイーツに

材料

いちじく（中サイズ）
…3～4個
レモン1/2個
（できれば無農薬のもの）

調味料

赤ワイン…2.5cup
砂糖（グラニュー糖）
…80g（100g）

作り方

1. いちじくは皮をむき、かたいときは爪楊枝で少し穴を開けておく。
2. レモンは、汁を搾り、皮の黄色いところだけむいて白いところは捨てる。無農薬以外のレモンは手に塩と酢をつけて表面をよくこすり、流水で流してから使うとよい。
3. 鍋に赤ワイン、砂糖、レモン汁とレモンの皮を入れてひと煮立ちさせ、40℃に冷ます。
4. 保存容器にワインといちじくを入れ、表面にラップをし、蓋で密閉して冷やす。3日目くらいが美味しい。

Memo
いちじくの熟した度合いはお好みで。柔らかいときは早めに食べる。また、白ワインで漬けると、軽い感じに仕上がる。

ミニトマトのデザート

トマトと白玉のかわいいスイーツ

材料

ミニトマト…8個
（赤と黄を混ぜて）
白玉粉…30g
湯…30cc
砂糖…60g
水…60cc
ミントの葉

作り方

1. 砂糖を水に溶いて煮溶かし、冷ましてシロップにしておく。
2. ミニトマトは湯むきして冷やしておく。
3. 白玉粉に湯を入れてこね、トマトと同じくらいの大きさにまるめて白玉団子を作り、熱湯に落としたあと、氷水に入れて冷たくする。
4. トマト、白玉団子を器に入れて冷たいシロップをかけ、ミントを飾る。

パンプキン・ドルチェ

甘くて美味しいかぼちゃを簡単スイーツに

材料

かぼちゃ…300g
（1人60～80g）
オリーブオイル…大さじ1

調味料

ざらめ糖…適量

作り方

1. 美味しいかぼちゃを選び、1cm幅にスライスする。
2. 両面にオリーブオイルを塗る。
3. 天板に並べ上からざらめ糖をこんもりかける。
4. 180℃で8～10分。表面はカリッと、中はしっとり焼きあげる。

ヨーグルト・ケーキ

ヨーグルトのさわやかなケーキは、飾り方を工夫して 1 年中大活躍！

材料

プレーンヨーグルト
…200g
ホイップクリーム
…100g
グラニュー糖…55g
ゼラチン8g+水
…32g（4倍）
レモン…1/4個
（皮・果汁）
イチゴ…10個
キウイ…2個

作り方

1. ホイップクリームは、グラニュー糖を徐々に加えながら7分立てにする。
2. ゼラチンは水で戻し、湯煎にかけておく。
3. 別のボールに、ヨーグルト、レモン果汁、レモンの皮のすりおろし、ゼラチンを加えてよく混ぜ、泡立てたホイップクリームを3回に分けて加え、型に流し入れる。（※写真は2つの小さいボールに分けて入れたもの）
4. ラップをして冷蔵庫でかためる。
5. かたまったら型を少し温めて皿にあけ、イチゴやキウイを飾る。

あとがき

尊敬する「森のイスキア」主宰・佐藤初女さんと対談させていただき、巻頭に掲載できたことは、生涯において最高に光栄なできごとです。

初女さんは常に「食はいのち」とおっしゃいます。食は体を作り命をつなげるからです。今、「食育」という言葉がよく使われていますが、食の大切さや食事のマナーは、もともとは家庭の台所と食卓でごく自然に親から子へと伝えられていました。味わって楽しんで、身体の中に消化吸収される。そこには味の記憶という重要な意味もありました。

身体にいいものをバランスよく食べること。生産者や料理をする人、そして食材への感謝。食材は動物・魚介・野菜・果物……。みな生き物で、その命をいただくのですから、必要以上に採取したり、買いすぎたり、冷蔵庫で腐らせたりすることは、その生き物たちに申し訳ないし、地球のどこかで食糧不足で困っている人たちに申し訳ない、心からそう思います。

「食はいのち」という言葉を改めて心に刻んで、日々楽しく、美味しい食卓を囲むことは「人生の宝」だと言って過言ではありません。

このように大切な食卓ですから、お料理を提供するときは、いつも家族やお客様にワクワク感やサプライズをお届けしたいと思っています。「えっこれ何!?」「なんの味？」「この食材をこういう料理で？」「うわー素敵な盛り付け！」そんな声が嬉しくて、いつもの常備菜でも何かひと工夫したいのです。お客様や家族の喜ぶ顔、ビックリする顔を想像しながら作るとき、「愛情」というスパイスがお料理に加わります。

「日本料理」や「おもてなし」など、私たちにとって普通のことが、世界から脚光を浴びています。日本の家庭料理の素晴らしさ、家事をすることの楽しさ、おもてなしの気持ちに誇りを持って、日本文化を継承していきたいものです。家庭料理にサプライズを加えることで、おもてなしの気持ちを伝えたい。私の思いが何かのお役にたてば無上の喜びです。

写真でご協力いただいた青野クミさん、料理仲間の内田泰子さん、古本智子さん、倉橋羊子さん、後藤貴子さん、出版のきっかけを作ってくださった大野千恵子さん、ほか多くの方々のお力添えで、この本は出来上がりました。

料理中も、撮影中も、編集中も、いつも楽しく笑い声の絶えない作業でした。

ご協力いただいた皆さまと、書店で手にしていただいた皆さまに心から感謝を申し上げます。

牧田　成子

調理法別インデックス

ごはんもの

汁もの

スイーツ

アドバイス

コラム

［著者プロフィール］

牧田成子（まきたしげこ）

夢を叶えるイスキア代表。東京都出身。東レ株式会社、参議院議員秘書として勤務の後、結婚で大阪に転居し、東レ労働組合に復職、定年まで32年間勤める。その間、共働きで3人の子供と義母姉妹、7人家族の主婦として在宅時間の多くを料理に力を注ぐ。1980年調理師免許を取得。家庭料理は藤田悦子氏、中華料理は黄村宝氏、フレンチは仏国ル・コルドンブルー大阪校、イタリア料理はカンパネッロ鈴木勤料理長に師事。日本料理・茶事料理は仲村慶子氏に今も師事。フランス家庭料理は奥本順子氏宅に通った。2012年5月、「森のイスキア」主宰・佐藤初女さんから「夢を叶えるイスキア」の称号をいただき、現在は「食」と「健康」をテーマに「料理教室」「家事力UP塾」をライフワークとしている。

URL http://yumekana-ischia.jp

Special Thanks
写真提供　青野クミ
（P9.31.34.38.40-43.63-66.69.71.78.79.104.105.107.114.115.122.123）

もてなし上手のサプライズレシピ
2015年8月18日初版第一刷発行

著者　牧田成子
発行者　内山正之
発行所　株式会社西日本出版社　http://www.jimotonohon.com/
〒564-0044　大阪府吹田市南金田1-8-25-405
［営業・受注センター］
〒564-0044　大阪府吹田市南金田1-11-11-202
TEL.06-6338-3078　FAX.06-6310-7057
郵便振替口座番号　00980-4-181121

STAFF
編集　株式会社ウエストプラン
松田きこ　真名子陽子
撮影　谷口哲
デザイン　TAKI design
イラスト　牧田成子

印刷・製本　株式会社シナノパブリッシングプレス

ISBN978-4-901908-97-9